デタラメ受験戦争

失われた「学び

大坪智幸
Otsubo Tomoyuki

幻冬舎 MC

はじめに

子どもの教育について悩みを抱える親は多いことと思います。むしろ、まったく悩みがない人のほうが少数派のはずです。

変化が速く先行きの見えないグローバル社会を生き抜くために、しっかりとした学力をつけさせたい、そのために少しでも良い高校・大学に進学させたい——。それが小中高生を育てる多くの親の願いだと思います。

これまでの日本社会で基礎学力の養成を主に担ってきたのは学校教育です。

しかし残念ながら、今の学校教育はその役割をまっとうできているとはお世辞にもいえません。小中学校の義務教育でも英語やプログラミング教育などの新しい試みが次々に導入されている一方、基本的な計算や文章の読解もできないまま放置されているような生徒も数多く存在します。教育改革のなかで重視されてきたＩＣＴ教育ですが、コロナ禍でのオンライン授業の不備が露呈し、学校現場のＩＣＴ活用の遅れが白日のもとに晒されました。

さらには家庭における教育の質も年々低下しています。

共働きが増え時間に追われる親たちには、わが子に向き合い、学びの過程に寄り添うだけの時間的・精神的なゆとりがありません。学校が頼りにならないなら塾や予備校に通わせて、とにかく受験を勝ち抜いてほしいと手っ取り早く結果を求める傾向ばかりが強くなっているように感じます。

そして迷える親子がたどり着く民間教育も、その実態は「教育」とはかけ離れたものになっています。巧みな広報戦略で不安な親子を誘い込み、あれやこれやと講習料をむしり取る。それで学力がつけばいいかもしれませんが、十分な訓練もされていないアルバイト講師に本当の授業力・指導力など期待できるはずもありません。塾の経営者のなかには「教育は金になるビジネス」――そう断言する人もいます。

つまり学校も保護者も民間教育も、子どもたちが社会で生きていく力を育てるという教育の本質を見失ってしまっています。そこをなおざりにしたまま、ただ受験の勝利だけを目指すような「デタラメ受験戦争」ともいえる状況が蔓延しています。

そこでは利益を追求する民間教育事業者だけが潤い、子どもたちは意味のない塾・予備校通いに時間と学習機会を、親はわが子のためにと捻出した大切な資金を奪われています。そんな不幸を大量に生み出すシステムをただ傍観していていいはずはありません。

私は、埼玉県で小中高生を対象とした学習塾を経営し、自ら教壇に立って指導をしています。実は塾講師は大学時代にアルバイトとして経験していましたが、職業にするつもりはありませんでした。大学卒業後には郵便局や自動車販売店などに勤務しましたが、職場の方針になじめなかったり顧客に相手にしてもらえなかったりと、厳しい社会の現実に直面し葛藤が続きました。私も未熟でしたが、社会全体からも若い世代を育てようという余裕がなくなっているのを肌で感じました。この過酷な社会で一歩間違えば脱落しかねない自分のような存在を増やさないためには、私自身が深く学び直すとともに子どもたちへの「社会を生き抜く力をつける真の教育」が不可欠だと考えるようになったのです。そして27歳になる頃に塾講師として再出発をし、経験と実績を重ねて2019年に独立、現在に至っています。

今回一人の塾講師として、現代日本の教育は本当の意味で子どものためになっていないことや、さまざまな「デタラメ」が横行していることに警鐘を鳴らしたいという思いから本書を執筆することにしました。

具体的には、基本的学力の養成も受験指導もできない学校教育の現状や保護者の働き方と価値観の変化、業界関係者だからこそ分かる塾や予備校の裏側などについて取り上げます。それと同時に「真の教育」や「塾が担うべき役割」など、教育を考えるうえで避けて通れない本質的な問いについても考察していきます。


教育に唯一絶対の「正解」はありません。時代が変われば、それとともに必要な教育も変わっていきます。昔であれば、教科書的な学力を定着させて受験に成功させさえすればそれで塾の役割は果たせたかもしれません。しかしこれからの時代はそれだけでは不十分です。

刻々と変化する社会をたくましく生き抜いていける学力とは何か。そしてその学力を育てる教育とはいったいどういうものか。それを考え抜き、子どもたちの学びのために進化を続けていかなければ、塾も時代とともに淘汰されていきます。

さらに真の教育のためには大人が１００％本気で向き合うという姿勢が欠かせません。私自身も「すべては子どもたちのために」という思いで粉骨砕身、努力を続けています。

それは教育に携わる一人の〝塾屋〟としての覚悟でもあります。

進路に悩む親子、そしてこれからの新しい教育のあり方を模索する教育関係者の方々に、ぜひ本書をご一読いただきたいと思います。本書から、少しでも何かの気づきを得ていただけたら著者としてたいへんうれしく思います。

デタラメ受験戦争　失われた「学びの本質」　目次

［第4章］　忘れ去られた「学びの本質」

［第1章］

難度が上がった学習指導要領 受験指導に対応できない 学校と教師たち

2021年4月から、大きく変わった中学校の通知表

2021年7月、私の経営する塾に保護者からの電話の問い合わせが相次ぎました。7月下旬の数日間だけで20件近い電話があり、そのときは私もいったい何事かと驚きました。話を聞いて分かったのは、中学校で1学期が終了し、わが子の1学期の通知表を見て驚いた保護者が当塾に問い合わせをしてきた、ということです。

私は心のなかで（やっぱりそうなったか）と、ある意味で納得しました。2021年4月から中学校で新しい学習指導要領が導入され、通知表の評価も新しくなっていたからです。評価の内容とともに観点が変わり、急に成績が下がってしまった生徒も少なくなかったのです。急にそれまでと異なる評価の通知表を見せられ、保護者が慌てたのも無理のない話です。

2020年度までの中学校の通知表は、「関心・意欲・態度」→「思考・判断・表現」→「技能」「知識・理解」という4つの観点で評価されていましたが、注目すべきは、観点が表す内容とその順番です。

最初の「関心・意欲・態度」は、授業を真面目に受けている、宿題などの提出物もきちんと出している、といったことで評価されます。2つ目の「思考・判断・表現」は、課題について自分なりに思考、判断して表現をするという、プロセスの部分です。そのあとにある「技能」「知識・理解」は、目標とすることを達成できる、テスト等で点を取れるなど、目に見える結果の評価です。

意欲やプロセスを評価して最後に結果という順番ですから、少々乱暴な言い方をすれば、学校で言われたことを真面目にやっていれば、結果（学力の定着）が万全でなくてもある程度の評価を得られた、それが以前の評価システムといえます。

一方、2021年度からは、「知識・技能」→「思考・判断・表現」→「主体的に学習に取り組む態度」の3つの観点に変わり、以前とは評価の順序が逆になっています。さらに、言葉だけを見ると以前の観点と似ていますが、それぞれが表す内容はかなり異なっています。

まず「知識・技能」は小テストや定期テストなど、点数で測れる部分です。ここが学習の基礎となります。次の「思考・判断・表現」は、学習したことを使って自分で考え、自分の言葉で表現していく力です。そして「主体的に学習に取り組む態度」は、授業で学んだことだけでなく、興味をもったことを進んで主体的に調べたり考えたりする、といった態度を指しています。

つまり、新しい通知表では基礎学力の定着を大前提として、それを使いこなして物事を読み解く応用力や、さらには教科書に書かれていないことまで自分から進んで考えていく発展的な取り組みまでを学力ととらえ、より明確に評価しようとしています。

これにより、教師に指示されたことを従順にこなす、受け身な姿勢が身についた生徒たちは、以前よりも評価が下がるケースが多発したのかもしれません。

新しい学習指導要領と「資質・能力の三つの柱」

今回、通知表が劇的に変わったのは、2021年度から中学校で新しい学習指導要領が全面導入になったからです（小学校は2020年度、高校は2022年度より）。

学習指導要領とは、小学校、中学校、高校の学校種別ごとに教科の目標や大まかな学習内容を示したものです。そこには国が目指す「未来を担う子どもたちに対し、こういう学力を育てたい」という教育指針や学力観が表れています。

学習指導要領は1958年に発出されて以来、時代の変化に合わせて約10年ごとに改訂されてきました。2017年に告示された最新の学習指導要領では、1997年の全面改訂に続き、戦後からずっと継承されてきた内容が大幅に見直されています。

新しい学習指導要領では、これからの時代に求められる「生きる力」を確実に育成することを目標としています。

昨今、私たちの社会はこれまでの世代が経験しなかったような激しい変化の波に晒されています。テクノロジーの進歩や急速なデジタル化はもとより、環境問題・エネルギー問題など、地球規模のグローバルな課題解決も待ったなしになっています。

これからの時代を生きる子どもたちは、まさに世界規模で異なる文化や価値観をもつ人々とコミュニケーションを取りつつ、「絶対的正解」のない課題に取り組んでいかなければなりません。その場、そのときに応じた「最適解」を見つけていく柔軟でたくましい思考力を育んでいくことが重要になります。

また国内に目を向けても、高齢化が顕著になる一方で人口減少が進み、わが国の社会や労働のあり方も今後ハイスピードで変化していきます。単純労働やデータ化できる仕事はどんどんAI（人工知能）に置き換えられていき、社会は「AIを使いこなす一部の人」と「AIに使われる多くの人」に二分されていく、という指摘もあります。そこで求められる「生きる力」とは何か、その力を養うためには何をどのように学ぶ必要があるのか、それを示したのが新・学習指導要領なのです。

そこでは「生きる力」を育むために、幼稚園、小学校から高校卒業までの教育課程全体で子どもたちへの育成を目指す資質・能力として、次の3点を挙げています。

【育成すべき「資質・能力の三つの柱」】

①「何を理解しているか、何ができるか」＝生きて働く「知識・技能」の習得

②「理解していること・できることをどう使うか」＝未知の状況にも対応できる「思考力・判断力・表現力等」の育成

③「どのように社会・世界と関わり、よりよい人生を送るか」＝学びを人生や社会に活かそうとする「学びに向かう力・人間性等」の涵養

この新・学習指導要領の「資質・能力の三つの柱」が、そのまま学校の通知表の評価にも反映されているのです。

大学入試改革から、各学年での達成目標を設定

学習指導要領で変わったのは、育成を目指す学力観だけではありません。教育課程が改善され、学校の授業時数も、小・中学校の国語・社会・算数（数学）・理科・体育（保健体育）で約10％増えています。小学校の高学年から中学生では、すでに4月から平均して週1コマ授業が増えています。

当然、教育内容も変わっています。学習指導要領で示された新しい学力を大学入試にも反映させようというのが、2024～2026年で本格実施が検討されている大学入試改革（高大接続改革）です。大学入試時点でここまで到達していてほしいという目標から、そこに至る中高の時点での学習達成目標も明確に示されています。

例えば英語では、中学校卒業段階で英検3級程度以上、高校卒業段階で英検準2級程度以上に相当する学力をもつ生徒を全体の50％以上にする、というのが2022年度までの達成目標です（第3期教育振興基本計画）。

この大学入試時点からの逆算によって小学校、中学校、高校で学ぶ英語の授業や内容は、次のように変化しています。

◆小学校の英語学習

・3年・4年で外国語活動開始（年間35時間）
・5年・6年で外国語が教科化（年間70時間）
・小学校で扱う英単語は600〜700語程度　※先行実施を行っていた地域もある。

◆中学校・高校の英語学習

・中学校で扱う英単語数は1600〜1800語程度に増加
・高校で学習していた文法の一部を、中学校で学習する
・中学校でも英語で授業を行うことが基本になる
・高校で扱う英単語は1800〜2500語程度に増加

◆大学入試の英語

・英語4技能（読む、書く、聞く、話す）をバランスよく評価する
・共通テストでは英語成績提供システム、記述式問題の導入が見送り
・大学、学部により英語資格・検定試験を活用

教科書大改訂で、学習量が増加。内容も難しくなった

学習内容の変化は、当然、学校で使う教科書にも反映されます。

2021年4月から、中学校の教科書も新・学習指導要領に則したものに改訂されました。4月に教科書を見て、「えっ、これを中学校で習うの？」と驚いた人もいるかもしれませんが、量的にも質的にも、かつてないほど大幅な改訂となっています。

中学校の教科書全体で変わったポイントを変化が分かりやすい英語を例に説明します。

①学習量が増加した

最も学習量の増加が大きいのが英語で扱う単語数です。2020年までは中学3年間で習う英語は1200語程度でした。しかし2021年からは、小学校で600～700語、中学校で1600～1800語となり、中学3年までに接する単語は最大2500語になります。これは従来の2倍に相当する量です。

ここで扱う単語にはローマ字表記の人名（夏目漱石など）も含まれますから、すべてを

[図表１]大学入試改革と学習指導要領改訂

2020 年入試改革はもう古い情報
2026 年度と 2024 年度へ向けて改革は進んでいる。下図参照。

Q：SDGs達成目標2030年、AIが人間を超えるシンギュラリティは2045年。みんなはいくつでしょう。

		2019年度	2020年度	2021年度	2022年度	2023年度	2024年度	2025年度	2026年度
大学入試制度		高大接続改革スタート					大学入試新傾向①	大学入試新傾向②	大学入試新傾向本格化
		基礎学力テスト	大学入学共通テスト						
新学習指導要領	中学校	移行期間		全面実施？オール英語					
	高校	移行期間			全面実施？オール英語				
学年	中３(2020)	中２	中３	高１	高２	高３			
	中２(2020)	中１	中２	中３	高１	高２	高３		
	中１(2020)	小６	中１	中２	中３	高１	高２	高３	
	小６(2020)	小５	小６	中１	中２	中３	高１	高２	高３
高校入試		現行	現行	難化①	難化②	難化③	傾向安定	傾向安定	傾向安定

高校入試新傾向（予想）

新学習指導要領の移行期間はすでに完了の域。
2021 年度中学３年生は今後毎年教科書改訂があり、その第一世代です。

完全に記憶する必要があるわけではありません。ですが、小学校で扱う基本的な単語がうろ覚えだと、中学で覚えなければならない単語がどんどん雪だるま式に膨れ上がっていきますから、注意が必要です。

②学習内容が難しくなった

２０２０年までは高校で習っていた文法の一部が、２０２１年からは中学校で習うようになりました。具体的には仮定法、現在完了進行形、原形不定詞、感嘆文などです。仮定法は「もし～ならば」というifを使った構文です。現在完了進行形はI have been Vingなど、「～からずっと～している」という現在までの動作や状態の継続を表します。これらは日本語で文の構造がつかめていないと、英語での理解も難しくなります。

また、中学1年の英語教科書のなかには、1章で「I am（be動詞）」、2章で「I like（一般動詞）」、3章で「I can（助動詞）」と、ハイスピードで文法学習が進むものもあります。以前は、I amやYou areのあとの章では、I am not～, You are not～（否定形）と、丁寧に文法を学んでいたのとは対照的です。これも中学1年は、小学校である程度の基礎ができているという前提で文法学習が進むためで、ヘタをすると中学に入学してすぐ、もう授業についていけない、となる可能性もあります。

③思考力・判断力・表現力等を重視

2021年からは英語ですべての授業を行う「オールイングリッシュ」が基本となり、英語4技能「読む・書く・聞く・話す」が同等に評価されます。単に英語が読める・書けるだけでなく、「英語で何ができるか、何を表現できるか」が問われます。英語の質問に英語で答える、英語で自分の考えを表現するといったことも行われます。ただし、「オールイングリッシュ」は現在、絵に描いた餅になっています。

また教科等横断的な内容を英語で学ぶ時間も増えます（CLIL：Content and

Language Integrated Learning：内容言語統合型学習)。「世界がもし100人の村だったら」という視点で世界の教育、食料、飲料水などについて英語で学び、意見を述べるような学習も登場してきています。

④SDGsが盛り込まれた（主要5教科）

SDGs（Sustainable Development Goals：持続可能な開発目標）は、近年よく耳にするようになった言葉の一つです。エネルギーや環境、貧困、飢餓、格差といった国際社会が抱えるさまざまな課題を知り、一人ひとりが主体的に課題解決に取り組む態度を養成するために、英語をはじめ国語・数学・理科・社会の主要5教科すべての教科書で、SDGsが取り上げられています。

すべての教科で、思考力や読解力が問われる内容に

中学校の英語を例に挙げましたが、ほかの4教科の教科書も、新・学習指導要領に対応して大きな改訂が行われています。教科ごとに、簡単に教科書改訂のポイントを挙げておきます。

・国語

「情報の扱い方」という単元が新設されています。原因と結果、意見と根拠といった情報の関係性や、情報の整理の仕方について学びます。情報化社会で信頼のおける情報を見分け、読み解き、自ら発信する力を育成するのが目的です。また抽象的な言葉を含む幅広い語彙の獲得や、文章の読解、論理的な解釈にも力が注がれています。

・数学

「日常生活や社会の事象を数理的に捉え、数学的に処理し、問題を解決することができる」力を養成するため、身近な生活と数学を結び付けた問題形式が多く採用されています。結果、問題文を正確に読み解かないと、解にたどり着けない問題が増えています。ほかに「データの活用（旧：資料の活用）」として、従来は高校で学ぶ範囲であった「累積度数」を中1で、「四分位範囲」「箱ひげ図」を中2で習うようになっています。

・理科

エネルギー、粒子、生命、地球という理科の4領域共通で、比較、関係付け、関連性や規則性、因果関係などを考えさせる内容になっています。長い会話文を読んでから解くような、思考力系の問題も盛り込まれています。新項目として「自然災害」が加わったほか、中3化学では「ダニエル電池」が追加されています。また「化学式（旧：イオン式）」「顕性・潜性（旧：優性・劣性）」といった用語の変化も注意が必要です。

・社会

地理的分野の授業時間数が5時間減り、歴史的分野が5時間増えています。これは世界史観点から多角的・多面的に日本の歴史を知るため、そして高校の学習内容との接続のためです。中1で学ぶ「時差の計算」は、数学の正負の計算と関連付けられています（教科等横断的な学習）。公民では18歳からの選挙に向けた主権者教育や、電子マネーなどの消費者教育が重視され、地理・歴史・公民ともにSDGsについての記述が加わっています。

総じて、今回の中学校の教科書改訂では、身近な生活や具体的な事象から問題を発見し、さまざまな角度からそれを検討して、課題解決の方法を考えていく――そういう学習が格段に増えているのが分かります。

塾講師として小・中・高校の各学年の教科書をずっと調べてきた私から見ても、非常に充実した内容になっていると感じます。新・学習指導要領で示したこれからの時代を生きるための「資質・能力の三つの柱」を育てるという、この大きい目標自体は間違っていないと考えています。

しかし、問題はここからです。

新・学習指導要領や今回の教科書改訂に、実際の学校の教育現場がどれだけ対応しているのかといえば、まったく心許ないのが現状です。いくら教育方針や教科書がすばらしくても、それを教師が正しく指導できなければ、子どもたちの学力や生きる力の向上は望むべくもありません。

教科書が変わった2021年になって成績が下がった生徒が続出したのは、学校の教師の指導が教科書の内容に追い付いていないという、明らかな証拠と見ることもできます。

相変わらず、「暗記中心」の指導やテストが続く中学校

私は塾講師ですから、学校の教育や諸事情をすべて理解しているわけではありません。また優秀な教師、子どものためを思って懸命に努力しているすばらしい教師がいることも理解しているつもりです。

けれども、当塾に通う生徒たちから話を聞き、彼ら・彼女らの学力の状況を見るにつけ、「毎日通っている学校でいったい何を教えられているのか」と怒りを覚え、落胆、疑念、悲嘆……なんと表現していいかも分からない複雑な感情に襲われます。

当塾では指導のために、地域の公立中に通う中学生たちに定期テストの結果を持参してもらっています。それを見ると、教科書が大きく変わった2021年の春以降も、中学校の定期テストは相変わらず教科書やワークの暗記が中心です。

結果的に、暗記に強い子ばかり成績が良いことになり、知識偏重として見直したはずの学習からまったく脱却できていないことが分かります。

こうしたテストを見る限り、新・学習指導要領で示した「思考・判断・表現」や「主体的に学習に取り組む態度」などをどのように育成・評価しようとしているのか、見当もつ

きません。

小学校時点で、分からないまま取り残される子どもたち

中学に上がる前の小学生の段階でも、疑問を感じる点は多々あります。すべての学びの土台となる基礎的な学力が身についていないまま、進級している子どもは珍しくありません。2年生で習う九九があやしいままの5年生や、3年生で学ぶローマ字も覚束ないのに英語の授業を受けている6年生、そういう子どもたちが以前よりも多くなっていると感じます。

本来、学校の最大の役割とは、これから成長する子どもたちに「基礎学力を養成すること」です。基本的な計算力などが定着していない子どもたちには補習でも個別指導でも何でもして、きちんと定着させるのが学校や教師の務めです。

しかし、そういう子どもたちに対して特別な指導や宿題が課されたという様子は特に見受けられません。テストができない、成績が悪い、ただその状態で放置されているという印象が拭えません。

基礎が分からなければ当然、その先の学習が進むはずもありません。「分からない」「で

きない」経験ばかりが続いてきた子どもたちが、どうやって「主体的に学習に取り組む態度」を身につけられるのか、学校の先生たちにもぜひ意見を聞いてみたいものです。

長期休暇の課題を、塾や市販教材に丸投げする教師

これは、新・学習指導要領が導入される前から私が感じてきたことですが、近年、そもそも学校の教師の指導力自体が疑わしくなっています。

昨年も、中学3年生の夏休みの課題を記したある中学校のプリントを見せてもらい、私は驚きました。「塾に通っている生徒は塾のワークを1冊、通っていない生徒は市販のワーク（自由選択）を1冊やって提出する」と書かれていたからです。これでは、塾や生徒の自主学習に丸投げもいいところです。

1学期に学校で何を学び、生徒各自がどこまで習得しているか、そういう学校での学びとの関連性はまったくありません。また必死にワークに取り組んだ子も、答えを丸写しにした子も、課題提出についての評価は同じになってしまいます。こんな課題を学校が出す意味があるのか、はなはだ疑問です。その中学校ではこの冬休み、中学3年生の宿題は「なし」でした。

最近では、よく日本の教師の多忙さが社会問題になっています。教師が多くの会議や書類作成、保護者対応などの雑多な業務に追われていて、教科指導の準備や授業力の研究のために十分な時間をかけられない、といわれます。確かに時間がない、余裕がないというのも事実なのかもしれません。

しかし、学校のクラス担任が受け持つ生徒はせいぜい30人余りです。学年も学校も異なる小学生から高校生までの児童・生徒150人全員を指導し、さらに経営を学ぶために大学院に通っている私から見れば、「忙しさ」は時間をかけられない理由にはまったくなりません。業務全体の効率を上げる、ポイントを絞って的確に指導を行うなど、まだまだ見直せる余地はたくさんあるという気がします。

ベテラン教師が退職し、教師の資質の低下も深刻

教師の資質という面でも、不安は尽きません。

近年、ベテラン教師が大量に定年退職を迎えており、一方で教職の負担の多さが一般にも知られるようになり、公立学校の教員採用試験の競争倍率は低下し続けています。ピーク時に全国平均で13倍以上あった競争率は、2020年度は3・9倍にまで下がっていま

す。特に小学校では2・7倍と過去最低を記録し、都道府県によってはすでに2倍を切ったところも出てきています（「令和2年度版 公立学校教員採用選考試験の実施状況のポイント」より）。

これは応募した人の2人に1人以上が教師として採用されるということですから、十分な資質をもつ人材を選抜できない可能性もあります。今後は50代以上の経験豊富な教師がどんどん退職していきますから、若手教師の育成もいっそう困難になりそうです。

さらに学校は、子どもたちと教師だけの閉鎖された社会です。一般社会であれば非常識と思われるような言動を教師がしたとしても、それを批判・非難する声は上がりにくいという特徴があります。私が生徒から学校の話を聞いていて憤りを感じたのは、多感な年頃の中学生に向かって「おまえたちは（ほかの学年に比べて）レベルが低い」といった言葉を、平気で口にする教師がいることです。

教師から見れば、学年によって出来が良い・悪いという実感はあるのかもしれませんが、それはたまたま偶然によって起きた集団の学力の差異に過ぎません。個々の生徒にはなんの関係もないことです。教師から見て出来が悪いと見えている理由も、一人ひとりすべて異なるはずです。

それを「おまえたち」と学年を一括りにして、「レベルが低い」と貶める。そんな乱暴な言動によって子どもたちがどれだけ傷つき、学習意欲を奪われているか、彼らは考えたことがあるのでしょうか。

教師からそういう言葉を何度も聞かされ、当塾には「オレたち、どうせばかだから」と投げやりな態度を示す生徒もいます。時には「うちの子の学年は出来が悪いそうなので……」と保護者まで、わが子やその学年の学力を卑下してしまうこともあります。

ところが、そういう生徒たちでも当塾で根気強く学習に取り組んでいくと、見違えたように力をつけていくものです。当塾に通った生徒たちが周囲も予想しなかった難関校に多数合格した年は、学校では「出来が良い学年」と語られているようです。

つまり、「レベルが低い」のは生徒たちではなく、子どもたちの学力を伸ばせない教師の力量なのです。その事実にも気がつかず、教室でただ威張りちらしているだけの教師は、もはや教師というより、言葉は悪いですが〝猿山のボス〟のようです。

コロナ禍で明らかになったICT教育の遅れ

こうした学校の混乱に追い打ちをかけたのが、2020年からのコロナ禍です。

実は1980年代から、国では学校教育でパソコンやインターネットを用いた「情報活用能力」を育成するべく、ICT（Information and Communication Technology：情報通信技術）教育の推進を掲げてきました。

しかし公立学校では一向に導入が進まず、欧米先進国との教育の情報化の格差が明らかになった2019年になってようやく、「GIGAスクール構想」が閣議決定されました。これは学校に高速通信環境や学習用パソコンなどを整備するため、必要な費用を国が補助するというものです。そして2020年度からは、小学校で学習用パソコンが1人に1台用意されることになりました。

しかし、まさに教育のICT化が進められようとしていた矢先の2020年春、新型コロナウイルス感染症が国内にも拡大。全国の学校が一斉休校になったのです。

このコロナ禍によって浮き彫りになったのは、学校のICT環境の遅れだけではありません。情報通信機器を使いこなすはずの教師の知識も、圧倒的に不足していたという事実です。

2020年11月には、悲しく、悔しいニュースがありました。原因となったのが、学校で配布された学習用タブレットへのいじめの書き込みです。報道によると、当時クラスの学習用タブレットにアクセスするパスワードが全員同じで、誰でも自由に書き込みができる状態だったといいます。

もし担任教師に情報セキュリティについての基礎知識があり、正しい使い方の指導やパスワード管理ができていれば、このような不幸は確実に防げたはずです。

学校間での「ICT格差」は大きくなる一方

また学校によって、ICTへの対応に大きな差が出てしまったのも特徴です。

先進的な私立校では、2020年の一斉休校中からオンライン授業を開始し、オンライン会議ソフトを使った対面に近い双方向授業や、オンラインでの課題提出などが行われていたようです。

それに対して大多数の、特に公立校では長い間、コロナによって教育の空白が続いてしまいました。小・中学校では休校期間は基本的に家庭学習でしたし、その後は分散登校などが中心で、ICTを駆使した学習は今なお手探りの状況です。

当塾のある地域では、公立のトップ校と呼ばれる高校ですら、2021年の夏頃になってもまだオンラインでの画面共有の仕方が分からないなど、惨憺たる状況だったようです。緊急事態宣言下でのオンライン授業の際も、30分の動画を見る授業が1日4コマだけなど、「とてもまともな授業とはいえない」と不満を漏らす生徒も多数いました。

コロナ禍での学校によるオンライン授業については、ほかにも〝怖い話〟をたくさん耳にしました。資料配布が事前になく、各自でプリントする形式になっていて家にプリンターがない生徒は全然対応ができないとか、遅れを取り戻そうと超スピードで授業を進めるので聞く気を失った、カメラ性能が低過ぎて板書の文字が読めない、といった声もありました。手段の目的化とはどこの組織でもよく耳にしますが、その典型です。

なかには、授業中に眠ってしまった前のクラスの生徒が接続したまま、次のクラスの授業が行われていた例もあるようです。それはただ単に寝ていただけだったので笑い話で済みますが、万一、生徒が体調不良でパソコンの前で意識を失っていたらと想像すると、教師の危機管理意識の低さに、ぞっとしてしまいます。

ちなみに当塾では、最初の緊急事態宣言が発出された翌週の2020年4月15日時点で、全教室に複数の小型カメラとマイクを設営し、ライブ配信によるオンライン授業を開始しています。私たちもコロナ以前から、ICTに特化した知識があったわけではありません。自分たちで知識を入手し、民間教育の志を同じくする仲間たちと情報交換をするなどして、オンライン学習の手法を早急に確立したのです。

学校では年配の人だけでなく、若手でも「パソコンやICTは苦手で……」と公言する教師がいるようです。子どもたちの学びを保障するのが、何より重要な教師の役割です。ヘタな言い訳をする暇があるのなら、少しでもICTの勉強をしてほしいものです。

「受験指導」も放棄している学校と教師

もう一つ、学校がこれまで担ってきた重要な役割に「進路指導（受験指導）」がありま す。特に高校受験を控えている公立校の中学生にとっては、どういう高校を受験するかはその後の人生にも影響してくる、重要なターニングポイントです。

文部科学省（中央教育審議会）の答申（2011年）では、「進路指導は、本来、生徒の個人資料、進路情報、啓発的経験及び相談を通じて、生徒が自ら、将来の進路を選択・計画し、就職又は進学をして、更にその後の生活によりよく適応し、能力を伸長するように、教員が組織的・継続的に指導・援助する過程であり、どのような人間になり、どう生きていくことが望ましいのかといった長期的展望に立った人間形成を目指す教育活動である」とあります。つまり学力に偏った指導=出口指導ではなく、基礎的・汎用的能力を育成することを目的として包括的な進路指導、キャリア教育を行うということです。キャリアとは答申の説明から引用すると「人が、生涯の中で様々な役割を果たす過程で、自らの役割の価値や自分と役割との関係を見いだしていく連なりや積み重ね」を意味していきます。にもかかわらず、埼玉県では地区ごとに偏差値が出る実力テスト（校長会テスト）が県内全域で行われるようになり、それを利用し進路（出口）指導が行われています。ここでの問題点は3つあります。1つ目は学区制が廃止された現在において地区ごとに分割された分母では正確性に欠けてしまっていること、2つ目は民間テスト業者1社とその偏差値への依存が問題になり排除したはずが、別の民間テスト業者が少なくとも3社関わっていること、そして最後はデータの蓄積がないことです。よかれと思ってスタートしたことだとは思いますが、入試やその他会場試験より設問の難度も低く練習としては優し過ぎる点も問題です。現状の中途半端な情報や知識で出口指導をされると、生徒や保護者にとって迷惑になる可能性も出てきます。

これも当塾の生徒の例で恐縮ですが、以前にこんなこともありました。地域の公立中学3年のある男子生徒は、夏前の時点で学校の学年順位は真ん中くらい。当塾のある埼玉県の偏差値は50前後でした。まだまだ受験に向けて力が伸びていきそうな気配でしたが、10

月中旬の中学校の進路面談では、実力相応校として偏差値48～53程度のA高校を受験校候補に挙げました。

しかし、それを聞いた担任教師は「それは無理だな」と言って顔を曇らせ、そして「きみの実力ならば、こういう高校はどうだ」と勧めてきたのが、偏差値56～58のB高校だったのです。実力に見合った安全校を無理だと言われ、1～2ランク上の高校を勧められた男子生徒はすっかり混乱してしまい、私のところに相談をしてきたのです。

まさしく受験指導の〝本当にあった怖い話〟です。担任は40代くらいのキャリアのある人でしたが、入試に関する情報は昔のままアップデートもせずに、漫然と進路指導をしていたのかもしれません。こんないい加減な指導をするのであれば、いっそのこと受験指導は情報収集に長けた塾や予備校といった民間に任せてもらったほうが、実害が少ないのではないかと強く思います。

三者面談の冒頭で「塾に通っていますか、塾では何と言われていますか」と言う教師がいると保護者の方々から毎年報告を受けていますが、それでいいのです。前述の答申でも「教員が社会に存在する多くの仕事について実感を持って指導することは困難な場合がある。また、社会が多様化・複雑化する中で子ども・若者の自立を支援していくためには、雇用や福祉等についての一定の知識や経験を持っている者と協同してかかわることが望ましい場合もある。地域・社会の様々な立場の人々の中には、社会人・職業人としての知識や経験の豊富な者が数多くおり、学校の様々な教育活動に参画を得ることが不可欠である」とあります。曲解するならば、泥水を飲んできた塾屋で生徒の多様な未来についてアドバイスできる場合、学校がそこに頼るのもありということかもしれません。コロナ禍における経営的観点でのオペレーションも文部科学省は正しいことを言っています。現場でのオペレーションが個々に委ねられているから差異が生じるのです。キャリア教育は何処へ、は言わずもがなです。

教師の印象一つで変わってしまう調査書の理不尽

大学受験であれば、試験の実力だけでも突破できますが、高校受験では多くの場合、中学校での成績も選抜システムの一要素に組み込まれています。学校の成績と特別活動などが記された調査書（内申書）と呼ばれるものがそうです。

高校受験で試験（学力検査）と調査書がそれぞれ占める配点の割合は、高校によって異なります。埼玉県の場合、ほとんどの学校は調査書が4～6割を占めるため、まったく油

[図表2]評価項目の再編

旧(～2020)
関心・意欲・態度
思考・判断・表現
技能
知識・理解

→

新(2021～)	評価
知識・技能	A(5or4)・B(3)・C(2or1)
思考・判断・表現	A(5or4)・B(3)・C(2or1)
主体的に学習に取り組む態度	A(5or4)・B(3)・C(2or1)

評定	組み合わせ
5(14～15)	AAA
4(11～13)	AAA、AAB、ABB、AAC
3(8～10)	AAC、ABB、ABC、ACC、BBB、BBC
2(5～7)	ACC、BBC、BCC、CCC
1(3～4)	CCC

※一般的な評定のつき方

5=91%以上
4=80～90%
3=30 or 40%～80%
2=10%～30 or 40%
1=10%未満

テスト(知識・技能)以外の項目は担当教師の裁量幅が大きい。
自分はどれなのか確認し、何を頑張ればよいかアドバイスをもらいましょう。

断はできません。

この調査書で大きな要素を占める学校の成績評価についても、私は不審や矛盾を感じることがよくあります。中学校の成績は、各教科の観点ごとにA、B、Cで評価され、その合計によって5段階評価が決まります。イメージとしてはA=5・4点、B=3点、C=2・1点という感じで合計点を計算し、得点が高いほうから5、4、3……と5段階の評定がつくのが通例です。

しかし、学期が終わって生徒に通知表を見せてもらうと、観点にはすべてAが並んでいるのに5段階評価は4という子もいれば、逆にAが1つしかないのに、5がついている場合もあります。

この違いは何でしょうか。それは一言でいえば、教師の印象であり、教師と生徒の距離感です（場合によっては、親と教師のパワーバランス）。教師のところに積極的に質問に行き、かわいがられている生徒は成績が「上ぶれ」するのです。当塾の生徒にも、定期テストの学年順位が全体の中ほどなのに、担当教師にとても気に入られ、その科目で5がついた子がいました。通知表を見て私は思わず（この点数で5はないな）と心のなかでつぶやいたものです。特に2020年度までの旧学習指導要領では、教師の主観が大きく関与する「関心・意欲・態度」に重きがおかれていたのです。

これは、逆にいえば、学力は高くても教師の印象が悪い生徒は、成績が「下ぶれ」してしまうということです。そこで当塾では、実力に照らして成績が「下ぶれ」している生徒には、それを上昇させる指導も行っています。

教師も一人の人間ですから、生徒との相性の良し悪しがあるのはやむを得ませんが、こんな不確かな主観的な評価で、生徒の将来に不利益が及ぶようなことがあってはならないはずです。

学校教育に翻弄され続ける子どもたち

このような学校教育の混乱、そして学習指導要領改訂や大学入試改革といった教育行政の混乱によって、子どもたちはずっと翻弄され続けています。そうしたなかでも、新・学習指導要領で目標とするような十分な学力を身につけ、受験戦争を勝ち抜いて、輝かしい進路を歩んでいく子どももいるに違いありません。

しかしその一方で、新しい教育課程についていけない生徒や、新たな教育理念を十分に理解せず、旧来の学習指導を続けるばかりの学校で、どんどんこぼれ落ちていく子どもたちが大量に出てくるのではないか、と懸念しています。

大学入試改革においては、「第3期教育振興基本計画」で英語では、中学校卒業段階で英検3級程度以上、高校卒業段階で英検準2級程度以上に相当する学力をもつ生徒を全体の50%以上にする、というのが2022年度までの達成目標となっています。

全体の50%ということは、残り半分の子どもたちはそこに到達しないということです。それにもかかわらず、「残り50%」の子どもたちをどう教育していくのかについて、明確な方針は何も示されていません。そして多くの子は、不確かな世の中を生きる〝武器〟としての基礎学力や主体的に学び続ける力を持ち合わせないまま、年齢とともに自動的に社会へと押し出されていきます。そして、社会で自分を活かす場を見つけられず、ドロップアウトするようなことがあれば、自己責任と切り捨てられてしまうのです。

私たち大人は、この残酷な現実から目を背けることなく、しっかりと今の状況を直視することから始めなければなりません。そして、すべての子どもに真の学力を育成するために、学校教育や民間教育の区別なく、それぞれの立場で何ができるのかを真摯に考えていく必要があるのです。

［第2章］

わが子の人生は受験合格がすべて？受験戦争に翻弄される親と子どもたち

「親ガチャ」が話題になる現代の日本

子どもの教育において、学校教育と同様に、あるいはそれ以上に重要ともいえるのが家庭教育です。子どもが育つ家庭環境や親子の関係、親の価値観といったものは、子どもの学習習慣や進路に少なからぬ影響を与えます。

「親ガチャ」という言葉がネットを中心に若者の話題になっています。ガチャとは、小銭を入れてレバーを回すとカプセルトイが出てくるあの販売機です。人気のソーシャルゲームではキャラクターなどを入手する方法としても知られています。ガチャで何が出てくるかはまったくのランダムで、希望の品やキャラクターを選ぶことはできません。

つまり「親ガチャ」が意味するのは、子どもにとって親は選べない、どういう境遇に生まれてくるかは完全に運任せ、ということです。親ガチャに当たるか外れるかで子どもの人生も決まってしまう、そういう意味合いで使われることも多いようです。

私自身は、親ガチャに外れたからといって子どもが人生に絶望する必要はないと思っています。子どもは家庭のなかだけでなく、社会のなかで育つものだからです。学校の教師や友人たち、クラブや部活動の先輩・後輩、私たちのような民間の塾講師、さまざまな人とのつながりのなかで子どもは成長します。幼少期はともかく、ある程度の年齢になれば、自らの力で未来を切り拓いていけるようになります。

しかし、親ガチャという言葉が注目されるのは、ある意味で社会の真実をついていると も思います。

事実、保護者の所得や学歴と子どもの学力には相関があることが知られています。国立教育政策研究所が2018年に発表した「親の所得・家庭環境と子どもの学力の関係」レポートでも、同様の結果が出ています。親、特に母親の学歴と子どもの学力の関係が強いことが示唆され、一般に高所得の家庭ほど教育への投資も熱心であり、結果として子どもも高学歴になりやすい傾向があるとされています。

これは子どもの側からすれば教育機会の不平等ということになりますが、親の側からすれば「子どもの出来は、親次第」という暗黙のプレッシャーにもなり得ます。つまり、親がどういう教育を受けさせるかで、子どもの将来が決まってしまうわけです。だからこそ、多くの親はわが子に少しでも良い教育を受けさせたいと考えるようになります。そして自分自身が親ガチャの〝外れ〟にならないためにも、わが子を「いい学校に進学させたい」「受験の勝者にさせたい」という思いに駆り立てられていきます。

先行きが見えない時代に、ますます高まる受験熱

近年、大都市とその周辺を中心に、より質の高い教育を掲げる国立・私立の一貫校の受験熱は高まる一方です。

多くの場合の最終学歴となる大学入学だけでいえば、現在は、競争倍率が高く受験地獄といわれた1980～1990年代とは異なります。少子化で受験生の数が少なくなり、受験者数が大学の入学定員総数を下回る「大学全入時代」になっています。進学先を選ばなければ、必ず大学に入れるということです。

しかしそれにもかかわらず、わが子を少しでもいい学校・大学に入れたいと、特に首都圏の中学受験者数は右肩上がりで増加しています。

今後、社会で求められる学力が変わり、学習指導要領も教科書も難化しているなか、確かな学力を身につけさせるために「早い段階で優れた学校に入れよう」と考える家庭が増えているようです。

大手新聞社では、「私立中の受験者が増えた背景の一つには、コロナ禍でICT対応が

［図表３］首都圏の私立・国立中受験者数

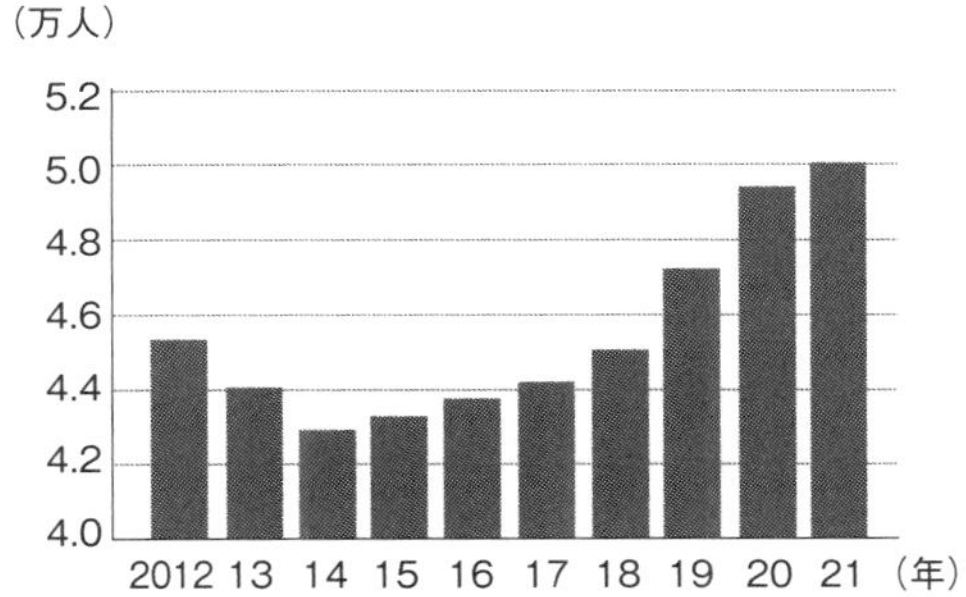

※首都圏模試センター調べ

遅れた公立中への不安もある」と報道しています。

「文部科学省が昨年４月に行った調査では、公立小中高校で休校を実施する１２１３自治体のうち『授業動画の配信』は10％のみ。森上教育研究所が同時期に首都圏の私立中高２２４校に行った調査では63％がオンラインを活用していた。一斉実施が求められる公立校に比べ、私立校は各校ですばやく判断できるためだ。」（読売新聞、２０２１年11月20日）

公立校のＩＣＴ対応の遅れが、中学受験熱に拍車をかけたのです。首都圏の中学受験者数は２０２１年に５万人を超え、２０２２年入試ではさらにこれを上回ることが予想されています。

小学校低学年からの塾通いは当たり前

保護者の教育への関心の高まりにより、小学生からの塾通いも増加しています。

ベネッセ教育総合研究所「学校外教育活動に関する調査2017」によると、小学校低学年でも26～27％、4人に1人以上が何かしらの「塾（学校外教育活動）」に通っています。学年が上がるにつれて通塾率は高くなり、小学校高学年になると40％以上に上ります。

興味深いことに、この調査では子どもが通う「学習塾のタイプ」も詳細に調べています。塾のタイプ分類は、先取り教育や受験指導を中心とする進学塾、学校の授業理解や成績向上のための補習塾、計算や読み・書きなどの基礎学力をつけるプリント教室、英会話・英語教室、その他、の5つです。

これをみると小学校低学年では進学塾に通う子はまだ少なく、多くの子どもがプリント教室や英会話・英語教室に通っていることが分かります。

確かに当塾の生徒にも、小学校からそうした塾や教室に通っていた子は少なくありません。今の小学校では、3年生から外国語活動、5年生から教科としての外国語教育が始ま

[図表4]通塾率、塾のタイプ

・通塾率（学年別）

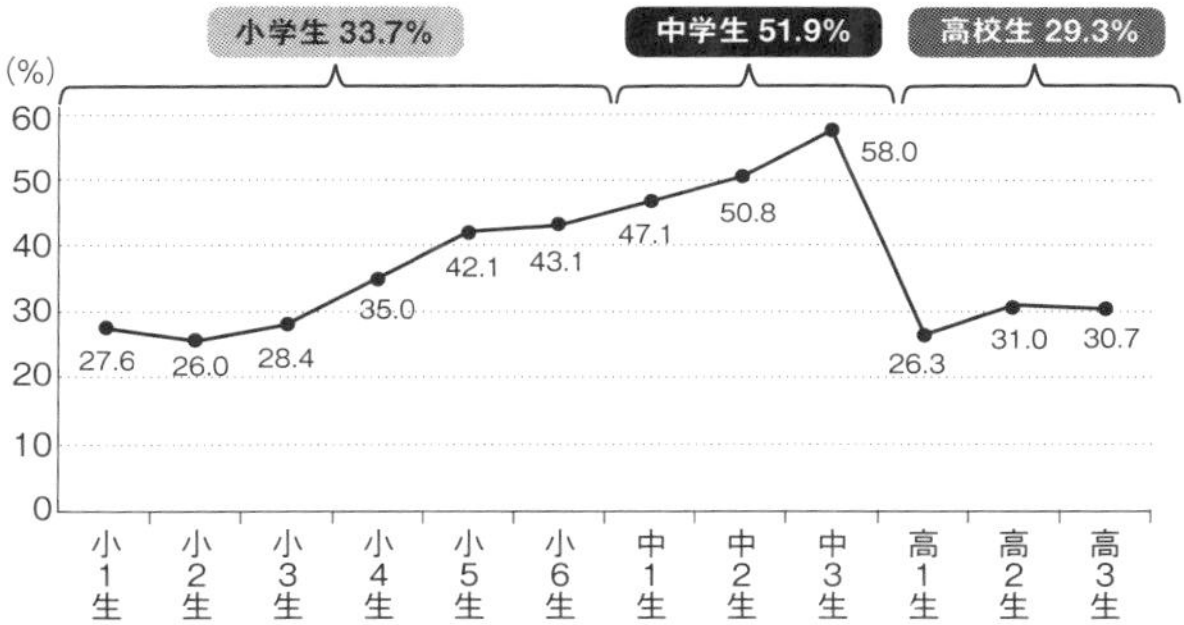

出典：ベネッセ教育総合研究所「学校外教育活動に関する調査2017」
3～18歳（高校3年生）の子どもをもつ母親1万6170人。うち7歳（小1生）～18歳の母親を抽出。
数値は、過去1年間で「学校の補習をするための塾（補習塾）」「受験勉強をするための塾（進学塾）」「計算や漢字などのプリント教室」「理科の実験教室」「算数・数学教室」「国語・作文教室」「英会話・英語教室」のいずれか1つでも通ったと回答した比率。

・塾のタイプ（学年別）

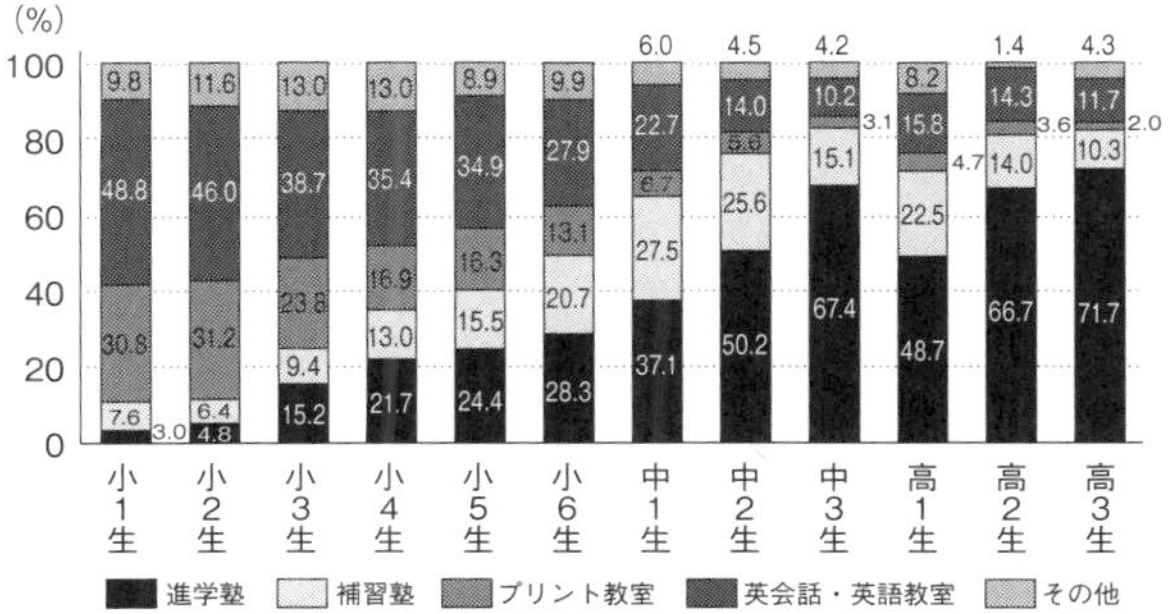

出典：ベネッセ教育総合研究所「学校外教育活動に関する調査2017」
3～18歳（高校3年生）の子どもをもつ母親1万6170人。うち7歳（小1生）～18歳の母親を抽出。
各タイプの比率は、学年ごとにすべての件数を合算した数値を母数にして算出した。「その他」は「理科の実験教室」「算数・数学教室」「国語・作文教室」との合計。

参照：【データで語る日本の教育と子ども】第2回 放課後のもう一つの学校、「学習塾JUKU」を考える

ります。幼い頃から英語に親しませ、学校でも有利になるようにと考える保護者が多いのかもしれません。計算力や読み・書きにしても、コツコツと訓練をして学習の基礎を身につけさせようという目的自体は間違っていないと思います。

ただし子どもの学習は、年齢の発達に応じて進めていくものです。子どもの発達や本質的な理解を無視して、解答テクニックだけを叩き込むような教育は、あとあとになって弊害が出てくることがあるので注意しなければいけません。

そして、小学校高学年からグンと増えてくるのが、中学受験のための進学塾です。中学受験に向けた進学塾の指導は、小4頃から本格的になるためです。

中学校に入ると進学塾とともに、補習塾に通う子も増えてきます。1章で述べたように、中学校の成績は高校受験の選抜の対象になります。成績上位の生徒たちは受験のために進学塾に通い、中間層や下位の生徒たちは、学校の指導で分からないところを補い成績を上げるために補習塾に通う、ということでしょう。全体を合計すると、中2で約51％、中3で58％の生徒が塾に通っています（高校生で通塾率が下がるのは、高校受験を一つのゴールととらえている生徒、保護者が少なくないからだと思われます）。

現代日本の親子にとって、塾は「放課後のもう一つの学校」といってもいいほど身近で、また必要不可欠な存在になっていることが伺えます。

時間に追われ、いつも余裕のない親たち

小学校からの通塾が増えている背景には、親の働き方や生活スタイルの変化もあります。

現代は共働き家庭が増えています。厚生労働省の国民生活基礎調査の概況（2019年）では小学校の低学年でも、母親の7割が仕事をしています。働き方はフルタイムもあればパートタイムもありますが、父親が外に出て働き、母親が家にいて家族の世話をするという昭和的な家庭像は、過去のものになっています。

小学生は午後2～3時くらいには学校が終わり、下校します。親が家にいない時間帯に、子どもだけで留守番をさせるのは心配ということで、塾や習い事が子どもの居場所になっている側面もあるようです。

塾や習い事を掛け持ちさせれば、それだけ費用もかかりますが、「友達と通えるし、必ず大人（塾講師や指導者）がいるから安心」なのでしょう。私もこれまでに塾に通う親子をたくさん見てきましたが、塾に通わせているのに学力を伸ばしたい、学習習慣をつけさ

せたいという意欲も特に感じられず、ただお金で安心な居場所を買っているのでは、と感じるケースもありました。

また共働きの増加によって、家庭で親が子どもと向き合う時間も減少しています。子どもは学校や塾から宿題を出されて帰ってきます。特に小学校低学年のうちは、子どもが自分一人できっちりと宿題をこなすのは難しいものです。しかし共働きの親の側も、宿題などの家庭学習に付き合う十分な時間をもてなくなってきています。

もちろん、中学受験を考えるような教育熱心な家庭は、親子で一緒に机に向かい、一緒に勉強をしている家庭も少なくありません。それはとても良いことです。

ただし、子どもは大人と同じように思考し、理解して学習を進められるわけではありません。何度も間違えたり忘れたりしながら、少しずつ理解を進めていきます。そういうときに大人の側に余裕がないと、「なんでそんなこともできないの?」「前にも教えたよね?何回言えば分かるの」と責める口調になりがちです。

塾講師の立場からいわせていただけば、〝できないことを叱る〟のは、最悪の指導法です。そうした言動によって子どもの学習意欲が低下したり、苦手意識を植え付けてしまったりするケースは少なくありません。

本来、子どもの学習の理解度やスピードは子どもによって異なります。親は共働きで時間に追われ、職場でも効率よく結果を出すことを求められます。子育ても仕事と同じ調子で、テストの結果や偏差値アップといった分かりやすく手っ取り早い「成果」を求めてしまう傾向があります。時には、そうした親の行き過ぎた指導が、教育虐待になる場合もあります。

「先回りし過ぎ」が、子どもの経験を奪う

また最近の保護者と接していて私が気になるのは、いわゆる「過干渉」といわれる関わりが増えていることです。過干渉とは文字どおり、干渉が過ぎることです。子どもが望んでいないことまで親が干渉して行動を制限したり、指示・強制をしたりするようなことを指します。

子どもは日々成長している存在ですから、その過程で大人が適切に支援していくことは大切です。どこまでが適切な関わりで、どこからが過干渉かは、明確な線引きが難しいところもあります。私の感覚では、子どもが自分でできるはずのことも、失敗を防ぐために親が先回りしてやってしまう、これも過干渉の一つではないかと思います。

例えば、中学生や高校生になっても、「今日の英検の試験は何時からでしたか」とか「うちの子が、自習室がうるさいと言っています」とか、受講生本人が確認や話をすればよいことで塾に保護者が電話をしてくる家庭があります。

「うちの子は忘れてしまうから」「口ベタで、自分では言いにくいようだから」と考えて親がフォローするのでしょうが、必要な準備が分からなくて困るとか、意見や要望を人に伝えるというのも、すべて経験です。私は中高生には「必要なことは、親に頼らず自分でするように」と指導しますし、同時に保護者にも「もう自分でできる年齢ですから、本人にさせてください」と、やんわり注意を促すこともあります。

塾への問い合わせ程度は大したことではないかもしれません。しかし、こうした過干渉や先回りが過ぎると、子どもが自分で考えて判断する、行動する機会を奪ってしまうことになり、結果的に自立を妨げる可能性があります。

肝心なところで、わが子と向き合えない保護者

高校や大学に向けた進路相談や受験校選びでも、親子の関係について考えさせられることがよくあります。

一つは、やはり過干渉といえるケースです。「子ども本人に決めさせる」といいながら、親が自分の考えた進路を押し付けてしまうパターンです。

子どもの進路や将来について心配するのは、親として自然な感情だと思います。とはいえ、中高校生になった子どもの受験校や進路を親が決めてしまうのは違います。当塾でも時折、「志望校について相談したいので、子どもには内緒で塾と保護者で面談をしてほしい」と依頼されることがありますが、私は、それはお断りしています。本人の意向が分からないところで、大人だけで話をしても意味がないからです。

ちなみに、「子どもが志望校で悩んでいるようなので、塾で話を聞いてやってほしい」という保護者からの依頼は、まったく問題ありません。子ども本人の考えを尊重し、支援するサポートだからです。

気になる傾向のもう一つは、肝心なところで〝逃げる〟保護者がいることです。普段は過干渉なのにもかかわらず、志望校選びといった大事なポイントで「あなたが自分で選んだんでしょう。私が決めたわけじゃない」と突き放してしまうのです。

入学してから「親が勧めた学校に行って後悔した」と言われないために、予防線を張っているのかもしれません。しかし、親があとは知らないといわんばかりの態度でいると、子どもはどうしても不安になります。

決めるのは本人ですが、子どもは人生経験が少なく、適切な判断をする材料も限られています。なんとなく抱いた憧れや希望する方向があったとしても、決断できずに迷うことは多々あります。中学生くらいで「親がなんと言おうと、自分は絶対にこの進路を選ぶ」と主張できる子は少数です。

特に思春期前期の13歳ぐらいまでに、人生に関わる重要な決断を子どもに委ねるのは、重大なストレスになり得るという話も耳にします。高校受験が見えてくる14歳、15歳になったからといって、急に大人と同じように考えられるようになるわけでもありません。

私たち大人にできることは、子どもの考えを尊重しつつ、迷っているときには本人の話を聞き、思考を整理する過程に寄り添うことです。そして子どもが自分で考えて選んだ進路は、親として応援してあげてほしいものです。

子どもより、「自分優先」という保護者も増えている

先日も塾講師仲間と話していて、親の価値観自体も変わってきているのかもしれない、という話になりました。これは私たちの印象に過ぎませんが、保護者のなかにも「わが子

の将来よりも自分が優先」という人がじわりと増えている気がします。保護者のほうが大人になり切れていない、ということかもしれません。

具体的にいえば、子どもが塾で勉強を頑張っている間、保護者が遊びに行ってしまう例は今や珍しくありません。受験が迫った2月だというのに、追い込みの直前講習を休ませ、受験生を連れてスポーツ観戦に行ってしまう家族もいます。

進路相談でも、最初から「うちは公立しか受験させない」と子どもの面前で断言する保護者がいました。当の子どもは連日遅くまで塾で勉強して学力がグンと伸長し、地域のトップ校を狙える位置にきていたのです。そういう子であれば、私立校を併願しながら、難関公立校にも挑戦させてあげてほしいと思うのが、私たちの本音です。高い目標がモチベーションになり、さらに学力を磨く絶好のチャンスだからです。

もちろん各家庭の経済状況の詳細は分かりませんし、私たちが口を出すことでもありません。しかし今は、国や自治体の私立高校就学支援金も充実しており、経済的に苦しい家庭は授業料が実質無償となる例もあります。そういう制度を活用すれば、わが子の将来の選択肢をもっと広げることができるのです。

それにもかかわらず、保護者が家庭の経済状況だけを主張してくるとき、受験に向けて頑張っている生徒の代わりに、私が悔しく悲しい気持ちになります。

少し前であれば「お金のことは何とかするから、心配するな」と言って、子どもの希望を優先させた保護者も少なくなかったような気がします。むしろ親が子どものために頑張り過ぎてしまい、それが過干渉などの問題につながるケースが大半でした。

それとは逆に、子どもの教育費のために親が身を削るのは嫌だ、といったドライな感覚が広まっているのだとしたら、今後、この国の教育はどうなっていくのかと暗澹たる思いになります。

「与えられること」に慣れ切った子どもたち

社会や保護者の意識が変われば、当然、子どもたちもその影響を受けずにはいられません。昨今の子どもたちを見ていて、私が危機感を覚えるのは、「指示される」「与えられる」ことにあまりにも慣れ切っていることです。

学習面でいえば、すでに授業や演習で繰り返し学んだ単元で、講師が生徒に確認の質問をしたとします。そのときに答えが分からない、理解が不十分なところがあるときに「えっとー」ともじもじしたり、「えへへ」と笑ってごまかすばかりで、答えようとしない子がいます。おそらく学校でも家庭でも、そうして困ったそぶりをしていると、大人が手を出して助けてくれる、正解を与えてくれるという経験をしてきたのだろうと思います。

しかし、そうして誰かがなんとかしてくれるだろうという姿勢でいると、やがて学習でも行き詰まります。自分で自分の課題に気づいて、そこにきちんと向き合い、修正や克服の工夫をする。それをしていかなければ学力は伸びていきません。

私は、そういうときに「間違ってもいいから、自分で考えたことを言ってごらん」と促しています。そして、答えた内容が実際に間違っていても「よく自分で考えられたね」と必ず褒めるようにしています。子どもたちが自分の足りないところや弱さとも向き合い、自分で考えられるようになってほしいと願うからです。

また、私はこれまでに、アルバイトで塾講師をしている学生を数多く見てきました。そこでも、指定された教材で決まった教科の単元を教えることはできるが、それ以外のことにはまったく対応できない、という学生は珍しくありませんでした。

塾には毎日大勢の生徒が出入りします。問い合わせや来客、急な予定変更など、日常的に突発的なことが起こります。そこで突然の来客があるだけで思考停止し、どう対応していいか分からないとなるのでは、卒業後に社会に出て生きていけるのか、と私のほうが不安になります。

成績優秀で、世間で一流大学といわれる大学に在籍する学生でも、そういうケースは多々あります。指示されたことしかできないのは、機械と同じです。これからの時代、そういう人材はＡＩを搭載したロボットに雇用を奪われていくはずです。

スマホやゲームが、学習時間に与える影響は深刻

生活面では、スマートフォンやゲームなどが子どもたちに与えている影響は、無視できないと思っています。

今は情報通信技術が進展し、２０２０年から小学校で１人１台のタブレット学習が始まっています。ゲームやスマホを子どもに与えないのではなく、早い段階で使いながら、上手な付き合い方やネットリテラシーを学ぶことが重要、という論調も増えています。

方向性としては正しいのかもしれませんが、私は「早くスマホに慣れさせよう」と安易に与えっぱなしにするのは、絶対に避けたほうがいいと考えています。私は中学生の間くらい、子どもが使用時間を自己管理できるようになるまでは、大人も積極的に管理に関わっていく必要があると思っています。というのは、子どもたちがゲームやＳＮＳ、動画

視聴などに費やす時間が、年々明らかに長時間化しているからです。

内閣府が発表する「令和2年度 青少年のインターネット利用環境実態調査」によると、高校生の9割以上（94・2％）、中学生の約7割（67・0％）、小学生の4割（40・2％）がすでにスマートフォンを使用しています。

平日1日あたりのネット利用時間の平均は中学生で約144分、2時間半近くになっています。高校生にいたっては平均で約208分、3時間半にも及んでいます。

スマホを使ったネットの利用内容では、動画視聴が81・7％。次いでコミュニケーション（メール、SNSなど）が80・0％、ゲームが70・6％、音楽視聴が70・2％となっています。スマホを勉強・学習に使う人は42・5％に留まっています。

平日にこれだけの時間をスマホに費やしていれば、学習に割ける時間がそれだけ少なくなるのは明白です。

長引くコロナ禍で、大人も子どもも、スマホやタブレットなどでネットに触れている時間はますます長くなっています。大人でも気づくと何時間も視聴してしまうくらい、スマホはある種の中毒性をもつ情報機器です。さらにSNSのグループなど、大人には見えないところでの子ども同士のトラブルも絶えません。家庭でしっかりと使い方のルールを決め、保護者の管理のもとで使用していく必要があります。

本気で褒められたことも、叱られたこともない子どもたち

近年、教育の世界では、日本の若者は他の国に比べ、自己肯定感が低いことが話題になっています。自己肯定感とは「私は自分自身に満足している」「自分には良いところがある」「自分には人並みの能力がある」「自分は役に立つことができる」といった、自分を肯定的にみる感覚のことです。

平成30年度に内閣府によって行われた「我が国と諸外国の若者の意識に関する調査」では、「自分自身に満足している」という設問に対し、「そう思う」「まあそう思う」と答えた割合は合計45・1％と、調査した7カ国中で、最低でした。

「うまくいくか分からないことにも意欲的に取り組む」といった、意欲の面でも同様の傾向が見られています。

なぜ、日本の子どもの自己肯定感や意欲が低いのかについては、各界でさまざまな議論がなされています。先にも触れたように、大人が先回りをし過ぎて子どもの経験する機会を奪っているのも理由の一つかもしれません。子どもが自分で考えて行動する機会が少な

[図表５]「我が国と諸外国の若者の意識に関する調査」における国際比較

[自己認識]

① 自己肯定感

諸外国と比べて、自己を肯定的にとらえている者の割合が低い。

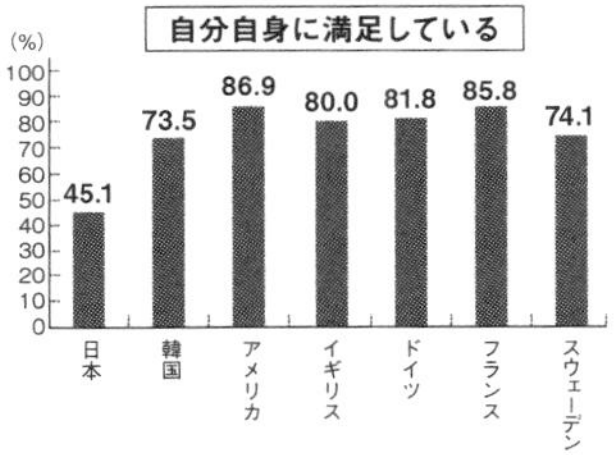

「次のことがらがあなた自身にどのくらいあてはまりますか。」との問いに対し、「私は、自分自身に満足している」に「そう思う」「どちらかといえばそう思う」と回答した者の合計。

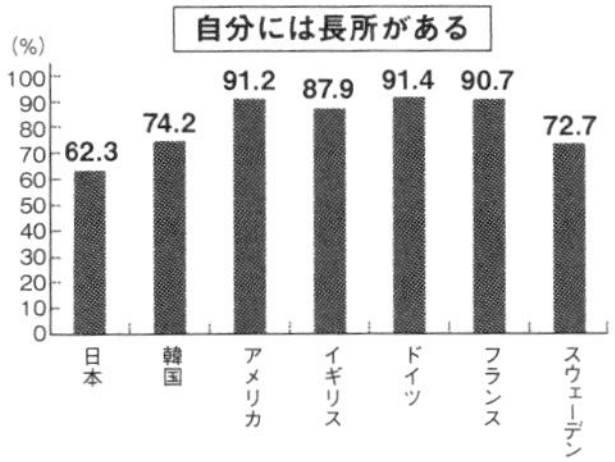

「次のことがらがあなた自身にどのくらいあてはまりますか。」との問いに対し、「自分には長所があると感じている」に「そう思う」「どちらかといえばそう思う」と回答した者の合計。

② 意欲

諸外国と比べて、うまくいくか分からないことに対し意欲的に取り組むという意識が低い。

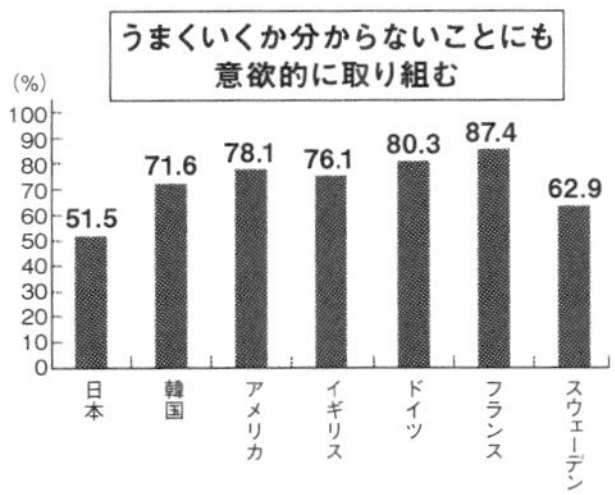

「次のことがらがあなた自身にどのくらいあてはまりますか。」との問いに対し、「うまくいくかわからないことにも意欲的に取り組む」に「そう思う」「どちらかといえばそう思う」と回答した者の合計。

出典：「我が国と諸外国の若者の意識に関する調査（平成30年度）」

ければ、自分に自信をもてないのも無理はありません。

そのほかにも、多くの親子に接している私が一つ感じるのは、学校でも家庭でも、「本気で褒められたことも、本気で叱られたこともない」という子どもが増えているのではないか、ということです。

子どもが自分自身を価値ある存在と思えるようになるには、家庭や学校など身近な社会のなかで「認められる」ことが欠かせません。子どもを認めるとは、ただたくさん褒める、かわいがる、ということではありません。子どもを一人の人格をもつ存在として尊重し、大人が本気で向き合うということです。

その意味では「子どもを褒める」というのも、簡単ではありません。

ただ無闇に「すごいね」「えらいね」と褒め言葉を並べても、あまり意味はないのです。

私自身、生徒たちを積極的に褒めよう、褒め上手になろうと努力をしていた時期もあります。しかし、見え透いたお世辞のような褒め言葉、子どもの機嫌を取ったり、大人の言うことを聞かせたりするための褒め言葉は、子どもたちはそこにある嘘を鋭く見抜いてしまいます。

今は、私は生徒たちが努力して取り組んだこと、頑張ったことに対して「よくやったな」と笑顔で伝えるだけです。ですが、子どもたちはその一言で本当にうれしそうな顔をします。要するに、子どものすることをしっかりと見ていて、本人が「褒めてほしい」と思うタイミングを逃さず、言葉を掛けるだけです。こういう褒め方は、辛抱強く子どもに寄り添い、見守っていなければできません。

また現代では、学校でも家庭でも、学業やクラブ活動の成績といった目に見える「結果」ばかりが褒める対象になりがちです。その途中のプロセスや子どもの気持ちが置き去りになっていると、褒める機会そのものも少なくなってしまいます。

親は、わが子に「あなたが大事」と伝え、信じてほしい

子どもを叱るときも同じことがいえます。昨今は「叱らない子育て」が流行りのようになっていて、わが子を叱れない保護者が増えています。「代わりに塾で叱ってほしい」という保護者からの依頼もよくあります。

親が忙しくてイライラをぶつける、頭ごなしに叱るといった叱り方は確かにNGです。しかし、子どもが明らかに間違ったことをしていても親が叱れないのは、一見優しいようですが、実は子どもと本気でぶつかるのを避けているだけかもしれません。

私は、昔はよくいた近所の雷おやじではないですが、子どもに嫌われても本気で叱り、本気でぶつかってくる大人の存在は必要だと思っています。

中学生くらいの年頃は、周りの目をとても気にします。できないことや苦手なことも「努力するのは格好悪い」みたいな態度を取る子がいます。子どもが努力もせず、都合の悪いことからただ逃げようとしていると感じたときは、私は本気で怒ります。

スマホをいじりながら「自分は文系なんで、数学捨てます」と話すような子には、「きみが毎日使っているスマホのアプリも数学が使われていて、それを学んだ人が作ったものだよね。きみは何かを作り出す人じゃなくて、人が作ったものをただ消費するだけの人になりたいんだね」と言ったこともあります。そうすると、格好をつけていた生徒も、ちょっと目の色が変わるのです。

学習意欲をもてずに斜にかまえているような生徒でも、本音では「成長したい」「社会に出て役に立つ人間になりたい」という気持ちをもっています。それはどんな子も同じです。そういう心の奥底の気持ちを引き出すために、こちらが恥も外聞も捨てて丸裸になってぶつかっていくと、子どもたちも私に心を開いて「じゃあ、どうすればいいの？」と本音で話をしてくれるようになります。

保護者の方でも、多感な年頃の子どもとの接し方に悩むことは、少なくないと思います。仕事等が多忙で子どもの勉強を見てやれないというのであれば、学習は信頼のおける塾などに任せていいと思います。進路についても、親子だけでは感情的になってうまく話せないというときには、私のような第三者が間に入り、気持ちや情報を整理していくのも有効なはずです。

子育てに奮闘する保護者たちに私が望むのは、子どもに言葉や態度で「あなたが大事」と伝え、子どもの力を信じてほしいということです。それが子どもの生きる力の根幹になり、困難に立ち向かっていく勇気になります。

［第3章］

親と子どもの「受験不安」をビジネスに――。〝受験テクニック先行型〟に成り下がった塾業界

塾に行けば大丈夫、とは言えない「不都合な真実」

今や、教育において不可欠な存在となっているのが、学習塾などの民間教育です。学校や家庭だけでカバーできない学力養成や受験指導を担うのが、民間教育の一つの大きな役割です。

特に高校受験を控えた公立中学生にとって、塾通いは必須になっています。各都道府県、各高校の入試の過去問を解いたことがある方なら分かると思いますが、高校受験は地域により、また高校により、選抜システムや入試の特色が異なります。公立中学校ではそうした受験指導への対応が十分にできなくなっています。地域性を考慮しながら、各進学先に合わせてきめ細かい受験指導ができるのは、もはや塾だけになっています。

近年、塾が担うのは「知育」だけではありません。人との関わり方や基本的マナー、社会性など、これまでは家庭や地域社会がその役割を担ってきた「徳育」においても、塾の存在は次第に大きくなってきています。現代において塾は、地域を支えるインフラとしての教育機関になっているといえます。

当塾のある埼玉県内だけでも、本当に多くの塾があります。経済産業省の「平成29年 特定産業サービス実態調査報告書 学習塾編」等から推計すると、埼玉県内の学習塾数は約3000軒。都道府県別では東京、大阪、愛知、神奈川に次ぐ5番目の多さです。ネットで少し検索をすれば、選びきれないほどたくさんの学習塾の名前が挙がってきます。

こうした状況下で子どもを伸ばす良質な塾をどう選び、活用していけばいいのかと戸惑う保護者は少なくないようです。

しかし、実は一口に塾といっても、学習サービスの内容や質はかなり大きな差があります。「なんとなく大手の塾なら安心」「どんなところでも塾に行けば、少しは学力がつくだろう」と気軽に考える保護者も少なくないようですが、残念ながら実態はそうではありません。

実は当塾は、「2番目の塾」として選ばれる傾向があります。1番目に大手塾に通ったけれど思ったような効果を得られず退塾、そして地域の口コミなどでたどり着いたのがうちの塾なのです。きょうだいの下の子（第2子以降の子ども）が多いのも同じ理由です。上の子のときは大手塾に通っていたけれど、やっぱり「違う」と感じた経験がある家庭が多いのです。

そういう家庭は、入塾面談の際、「前に通っていた塾がいかにひどかったか」を私たちに滔々と話します。他社のことで私たちが代わりに怒られるのは少々理不尽ですが、保護者の思いはとてもよく理解できます。

本来であれば、塾業界の一事業者として業界を敵に回すようなことは、私もしたくはありません。しかし業界の内部を知るものとして、子どものため、そしてわが子を思う親のためを思うと、ただ黙って見過ごすことはできません。多くの塾が、教育機関の看板を掲げていながら、およそ教育とは呼べない営利目的に走っている――この〝不都合な真実〟はもっと公にされるべきだと思うのです。

大手フランチャイズ塾のあきれた実態

私自身は、特定の塾や事業者を非難するつもりはありません。けれども、いわゆる大手学習塾、駅前など通いやすいところに多数展開しているフランチャイズ系の学習塾は、かなりいろいろな問題があると思っています。

いちばんの問題は、立派なテレビCMや宣伝広告をして多数の生徒を囲い込んでいながら、学習指導をはじめとしたサービス内容、教育の質がまったく伴っていないことです。いわばパッケージだけは立派ですが、中身が伴っていないといったところです。ほかの業種でそんな商品を販売すれば、おそらく詐欺だとすぐに訴えられます。しかし塾業界では、なかなかそれが問題視されにくい構造になっています。

フランチャイズ系の塾でよくあるのは、入塾を希望する親子の対応をするのは教室長や案内担当者、体験授業はエース級講師というパターンです。

入塾相談のときに対応するのは、スーツ姿でいかにも信頼できそうな教室長や案内担当者です。初めて塾へ来て緊張している親子の心情に寄り添いつつ、受験への不安をさりげなくあおる。そういうセールストークに長けた人物です。そして、ひとしきり話をした後、「一度、体験授業を受けてみませんか」と誘います。

次に体験授業へ行ってみると、話がうまく授業力の高いエース級の講師が、授業を担当します。「こんな先生に指導してもらえば、学力がつきそう」と思うように絶妙に演出されていますから、多くの親子がそこで入塾を決めてしまいます。

しかし、ここでよく考えなければいけません。

実際に入塾をしてわが子の普段の授業を担当するのは、体験授業で講義したエース講師ではありません。ほとんどはアルバイトの大学生かフリーターといった人たちです。私はこうした人たちを、親しみと揶揄を込めてインスタント講師と呼んでいます。形としては講師ですが、子どもが学校で分からなかったことを理解させるだけの指導力は、そもそもありません。しかも、違う講師が入れ替わり立ち替わりで、なんとかコマを埋めているというところも多々あります。

しかし日本では、教えてもできないのは子どもの能力や努力不足のせい、つまり個人の問題ととらえられがちです。その結果、こうした詐欺のようなやり方が表立って批判されることもなく、まかり通ってしまうのです。

大手塾では、ネット上の口コミ評価の操作なども、手抜かりがありません。教育関連企業の社員や教室スタッフが高い評価の書き込みをするのは、日常茶飯事です。

あるいは学習成果とはまったく関係なく、ただ人の良さそうな生徒や保護者を探して書き込みを依頼し、謝礼でクオカードを配ったり、割引をしたりしているところもあります。もっといえば、同業他社を貶めるために悪い評判を書き込みする塾まであります。私が経営する塾も、事実と異なる内容で同業他社から勝手に批評されており、今後の対応を専門家と検討中です。

要するに、塾検索サイトの評価の星の数や口コミコメントは、まったく当てにならないということです。

プロ講師と学生のバイト講師、授業力の違いは歴然

私自身これまでにいくつかの塾で講師を経験し、同業他社の責任者から話を聞き、他社主催の勉強会に多々参加してきましたが、こうした大手塾ではアルバイト講師に授業研修を行うようなところはほとんどありません。講師が有名大学出身で優秀だから、ではもちろんなく、単に研修の人件費が塾の利益率に影響するからです（普通、経営の観点からしたら、最長で4年で退職するインスタント講師に経営資源を割くのはまったくのナンセンスです）。

特に集団授業では、講師の授業力によって学習効果には大差が出ます。インスタント講師とプロ講師では、授業力の差は歴然です。

インスタント講師たちは、本部が作ったシステムに則ってただ授業を行うだけです。授業中もただテキストと板書のホワイトボードしか見ていませんし、使用するテキストも特別なものではありません。

大手塾の本部は、学校のテストの成績を上げれば、生徒や保護者から文句は出ない、ということを学習済みです。そこで補習を中心とした塾は、学校準拠のワークか何かを授業

時間の終わりまで、ずっとやっているはずです。学校準拠のワークは大変よくできています。教材会社の方々は非常に勉強熱心ですばらしいテキストを作成されています。それをきちんと読みさえすれば、理解が進むようにできています。しかし、テキストを順に読むだけでいいのであれば、高い受講料を払って塾に通わなくても、学習に向かう環境さえあれば、家でもできてしまいます。

ちょうどコロナ禍によって、そういう講師の質の低さが、一部で明らかになりました。訓練もされていないアルバイト講師による遠隔授業を横で見ていた保護者が、あまりの質の低さに激怒したのです。「こんなものに何万円も払っているのか？　今すぐ辞めさせろ！」と言い放ったという話は、業界内でもあっという間に拡散しました。それが1つや2つの教室で起こっていることではないのです。

そもそも○○師という仕事は何の知識も資格ももたない人間にはできない、させてはいけないという意識は皆もっているはずなのに、塾の講師は例外なのはなぜか、そろそろ気づかなければならないときが来ています。

それに対してプロの講師がどういう授業をしているか。説明の内容が分かりやすい、板書がきれい。それは当然で授業力以前の問題です。

本当に授業力が高い講師は、集団授業であっても生徒一人ひとりに目配りができています。そして生徒の表情や学習態度から理解度を把握し、その場その場で適切な解説量やスピード、発問のレベルなどを細かく調整しています。

子どもの質問にどう答えるかも、力の差が表れるところです。聞かれてすぐに答えを与えてしまうのは、素人講師のすることです。プロは子ども自身が調べたり考えたりする時間を織り込んで、適切なタイミングでフォローをしています。

もちろんインスタント講師たちは、大きく変革した教科書や入試についての知識もまったく不足しています。大学受験から逆算し、教科等横断的な思考力を鍛える授業など、できるはずもないのはいうまでもありません。

個別指導の「闇」はますます深い

最近は、塾のなかでも「個別指導」が人気を博しています。

大手フランチャイズ系個別指導塾のホームページ等を見ると、「一人ひとりの理解度に合った学習」「オーダーメイドの指導」「自分のペースで進められる」など、今時の個性や多様性の時代に合った魅力的な宣伝文句が並んでいます。

しかし個別指導塾こそ、本当に気をつけなければならないものだと私は思っています。
入塾説明会へ行くと、塾は「うちだからできる独自のシステム」といって、学校のカリキュラムや個々の理解度に応じて、各教科・各単元のテキストやプリントが作成されるしくみを説明します。初めて説明を聞くと「こんなことができるなんて、すごい！」と驚かれるかもしれませんが、あれも実はさほど特殊なものではありません。当塾でも使用していますが、そうした教材は専用のプログラムで作成されており、似たような種類のソフトウェアはたくさん存在します。

本来、個別指導は、ものすごく勉強が嫌いで狂いそうになるという場合か、トップもトップをひた走っていて余計な授業はいらないから質問だけしたい、そういう生徒に向いた指導法です。最近この業界では〝個別最適化〟などといかにもスマートな言葉で語られるようになっていますが、今のインスタント講師が中心の個別指導のインフラでは、本当に個々に最適な指導などそもそも不可能なのです。

さらに、個別指導で私が最も問題だと思うのは、個々に合わせた進度なので、学習の進まない生徒はカリキュラムが終わらない場合があることです。学期ごとの定期テストにも全然間に合いませんし、場合によっては学年末までにその学年の単元が終わらないこともまあります。当然、成績はまったく上がりません。

それでは、講師と生徒は塾で何をしているのか。まじめに取り組んでいる塾もあるので、あくまで一例と前置きします。個別指導の時間は、塾へ行って講師の大学生と雑談をしているだけ、というのは同業他社責任者から相談された悩みです。

個別指導塾の講師たちが本部から指導を受けるのは、教科の教え方ではなく、コーチングです。コーチングというのは、言葉掛けやコミュニケーションによって相手の自主性や能力を引き出す人材開発の手法のことです。進んだ指導法に聞こえるかもしれませんが、その実態は、相手が心地よいと思う相づちを打ち、承認欲求を満たすような雑談をするだけです。良くも悪くも生徒を居心地よくさせて、成績が上がらなくても退塾させないようにするのが目的だからです。

個別指導だけで学力を伸ばそうと思うのであれば、指導内容やカリキュラムまで、保護者がしっかりチェック・管理をしなければ効果は上がりません。私がもし保護者の立場であれば、学力も向上せず、大学生のお兄さんお姉さんと楽しく会話をするだけという塾には、1円たりとも費用を出したくありません。

受験生の不安をあおって講習料を取る課金ゲーム

費用ということでいえば、大手フランチャイズ塾の講習システムや授業料の料金体系も、私から見ると詐欺のようだと感じることばかりです。

成績が上がらない生徒に対して塾が何をするかというと、授業や講習をどんどん増やすのです。担当の講師や教室長が出てきて「あなたには、コレが必要だから」と講習の追加を勧めてきます。

授業コマ数を増やすだけで学力が上がるのであれば、単にそれまでの授業の演習や宿題などの全体的な学習量が足りなかっただけです。塾側は、そうした指導の不足はおくびにも出さず、まるで追加講習によって学力が上がったかのように振る舞うわけです。

季節講習や受験期の特別講習も同じしくみです。ほぼすべての塾で夏休み・冬休みといった学校の長期休暇には夏期講習・冬期講習が組まれています。そこでまた通常授業とは別に、講習料が発生してきます。

そこでも「前学期の学習でこの部分の理解が不十分だから」とか、「次学期に向けて、ここまでやっておくと安心」など、さまざまな理由をつけて季節講習を多く取らせます。

その最大の目的は、塾の売上アップです。とある個別指導塾では、生徒に一定額以上の季節講習を取らせることが、担当講師のノルマになっているといいます。

受験期の「○○特訓」といった特別講習もそうです。「あなたが△△校に受かるためにはこの講習が必要」と脅されたら、合格したい生徒や保護者は断ることなどできません。

こうした受講システム・料金体系は、人間心理を知り尽くしたうえで「このアイテムがあれば、敵を攻略できる」と巧みに誘い込む、課金ゲームとまったく同じです。一見、本人が希望して行っているように見えますが、結果的に生徒と保護者が講習費を搾り取られ、塾が儲かるようなしくみになっています。

小学生に「英検2級」は本当に必要か

少し話は変わりますが、幼児や小学生に、どんどん上級の検定試験を受けさせるような英会話・英語学習塾も、注意が必要だと思っています。

今時の親は、「わが子に、グローバル社会で活躍する人材になってほしい」「英語で苦労をさせたくない」という気持ちが強くあるようです。そこで「小学生で英検2級取得!」といった英語塾のキャッチフレーズを見ると、指導力が高いと感じ、うちの子もそういうところで学ばせたいと思うのでしょう。

しかし、英検2級というのは、大学入試改革や学習指導要領で「高校終了時に、半数の生徒が取得している」ことを目指す達成目標です。設問の英文もSDGsについての話題も多いですし、物語文の登場人物の心理なども、人生経験の少ない小学生ではおそらく理解できないだろうと思うような内容ばかりです。

そういう検定試験で小学生をどうやって合格させるかというと、「4行ぐらいの英文の質問ならば、ラスト2つのコンマに答えがある」といったことを教えます。英文を理解させるのではなく、完全にテクニックだけで点数を稼ぐのです。こんな指導法で検定合格を勝ち取ることに、意味があるとは思えません。

私自身は、こういうテクニック優先の英語指導、試験対策としての英語教育には、強い疑問を抱いています。

特にこれまでの日本の英語教育は、コミュニケーションの道具としての語学学習という意味合いが強かったと思います。私の友人は学生時代に英語圏に留学をして、語学人材として企業で勤務しています。ただしやっている業務の内容は、いわゆる翻訳や通訳です。誰かの考えを別の誰かに伝えるという仕事で、これはそう遠くないうちに機械に取って代

［図表６］英検指導例

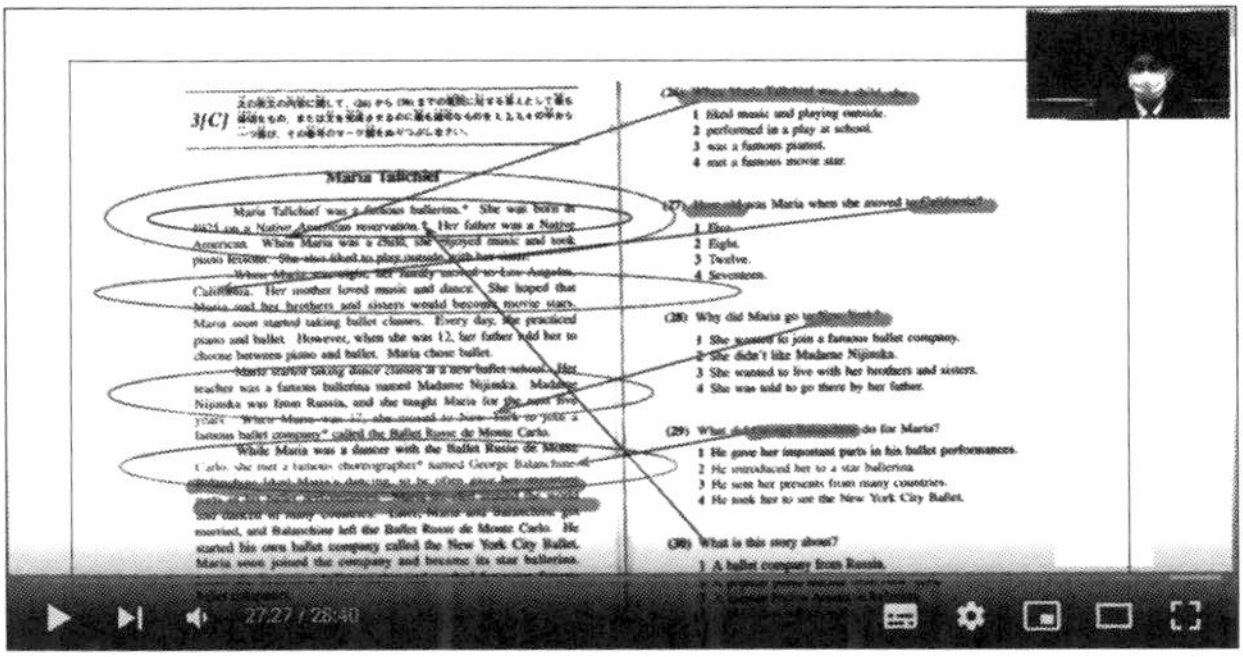

われていくと思います。

これから重要になるのは、英語を扱えるだけでなく、英語を使って何を表現できるか、他国の人と対等に議論ができるかどうかです。そのためには英語習得の前に、日本語でのしっかりした思考力や表現力を養成することが大切です。英文を理解するときも、日本語でまず理解したり思考をはたらかせたりし、そこから自分の考えを英語で書いたり発表したりするという「読む・書く・聞く・話す」の４技能を育成していく必要があります。

当塾でも英検受検の指導を行っていますが、小学生が受けられるのは英検５級まで（それ以上の級も本当に読めてしまう例外的な子はおり、先に進ませています。当塾は思考力を育む指導です）

としています。日本語での知識や思考力が育ってきてから上の級を受験すれば、テクニックや借り物ではない、本物の実力を養えるからです。

計算が速くても、中学2年でつまずく子どもたち

小学生が多く通う塾には、読み・書きや計算を訓練するプリント塾というものもあります。当塾の生徒で、計算力があって学習意欲も高いのに、中学に入ってから数学でつまずく子たちが毎年います。計算は速いので本人は数学が得意と思っているのですが、実力テストや模擬試験では、国語などの他教科では高得点を取っていても、数学だけはボロボロです。中学1年1学期まではなんとかついていけていた子も、数学の難度が高くなる中学1年2学期になるとそういう姿が明らかになってきます。

当初は私たちも「決して学力が低いわけではないのに、なぜ数学だけこんな点数なのか?」と驚き、頭を抱えたものです。ところが、そういう生徒や保護者にこれまでの学習歴を尋ねてみると、「地域のプリント塾に小学校からずっと通っていた」と口をそろえて言うのです。

そのようなプリント塾では、小学校低学年から計算を徹底的に繰り返します。とにかく

速く解くことが良しとされ、複雑な計算も途中式を書かず、すばやく解答するのが美しいと指導されます。小学生でも、なかには高校生が解くような複雑な計算をすらすらと解答する子もいます。

ただ、小学校の算数はある程度優れた計算で乗り切れますが、小学4年生から抽象的思考が、中学に入って数学となると論理的思考力が求められるようになり、それだけでは徐々に太刀打ちできなくなります。しかし、プリント塾で鍛えられてきた子たちは「なぜそうなるのか」と論理を追って考える習慣がありません。途中式も書きませんから、実力テストで間違えても、どこでどう間違ったのかの理由も分からないのです。

こういう形にはまった機械的な解き方が身についてしまうと、それをあとから修正するのは実はとても大変です。中1の春に入塾してきたある生徒は、そうしたこれまでのやり方を修正するのに8カ月もかかりました。

小学校の中学年頃までは「基礎的な計算力を身につける」という目的でプリント塾を活用するのもいいと思います。しかし小学校4・5年以降もそのまま通い続けていると、むしろ数学的な思考力が育たなくなることがあるのです。

オンラインだけで学力を伸ばせる生徒は、限られる

昨年来のコロナ禍によって、塾業界にもさまざまな変革の波が押し寄せています。その代表が、オンライン授業や動画授業の導入です。

感染リスクの低減、通塾や送迎の時間がなくなるなど、安全面や家庭の負担という意味でオンライン授業のメリットは少なくありません。大手塾のなかには、コロナによって基幹校だけを残して教室をどんどん閉鎖し、オンライン授業中心のシステムへと、舵を切ろうとしているところもあります。

オンライン授業や動画授業であれば、時間や場所にとらわれずに、優秀な講師の講義を配信することができます。塾は教室の家賃や講師の人件費を節約できますし、生徒もクオリティの高い講義を受けられるようになります。こう考えてみると、塾はすべてオンラインでいいのではないかと思えるかもしれませんが、話はそう簡単ではありません。

私は中学生以上である程度の基礎学力があり、自分で学習を進められる生徒には、オンライン授業や動画授業も有益だと思っています。しかし小学生や、中学生でも一部の学習習慣が確立していない子どもたちには、オンラインだけで完結した指導で学力を伸ばすの

は、困難が大きいと感じます。

２０２０年は、当塾もオンラインのみで開講していた時期があります。そのなかでも結果的には学力を伸ばすことができました。やり方次第という面はありますが、さまざまな角度から検討した結果、現在は双方向のオンライン授業コースは中高生に限定しています。小学生もオンラインで学力は伸びますが、対面に比べるとどうしても効果が落ちてしまうためです。

小学生や学習習慣のない生徒に対して、対面と同じように結果の出る指導をするには、少なくとも3台のカメラが必要です。生徒の手元を映すカメラ、生徒の表情を見られるカメラ、生徒の姿勢を確認できるカメラです。

個々の子どもの理解度を知るためには、書き順や式を立てる順番、正しい綴りで覚えているかなど、手元の確認が必須です。さらに、よく理解できたときといまひとつ腑に落ちていないときでは表情にも差が出ます。子どもの姿勢も重要です。悪い姿勢でいると視野が狭まり、問題文の見落としなどが多くなるからです。

しかしカメラ3台の準備など、現実的ではないでしょう。各家庭のネット環境はバラバラですし、プライバシーの問題もあります。要するに、やはり一定数の子どもたちには、対面でのきめ細かい指導が必要ということです。オンライン中心に転換する大手塾は、学力上位の半分を顧客にして残り半分は切り捨て、そのなかから気づかないご家庭を「お客さま」として対応する、そういう戦略を取ろうとしているわけです。

生徒や保護者の側からすると、子どもの学力や年齢に合っていないにもかかわらず、オンライン授業だけの塾に入塾してしまうと、やはり学力は伸びないのに、お金と時間だけを奪われることになります。

さらにコロナ禍に乗じて、オンライン自習室代行（子どもの自習の見守り）、オンライン課題提示・提出サービスなど、教育産業以外の他業種からのあやしげな参入も相次いでいます。大手塾の名前をかたっていても、実態は下請け会社に丸投げです。

教育は「金になるビジネス」と言い切る経営者

塾の本来の重要な役割である受験指導や合格実績についても、嘘やまやかしがたくさんあります。

塾が費用を負担して学力上位の生徒に多くの併願校を受験してもらい、合格数を多く見せる（費用を負担して、というやり方は一部私立高校でも行われています）。過去に退塾した生徒や、正規の塾生ではない外部の検定試験・模擬試験の受験者まで合格数にカウントする。こうしたからくりは、どこかで耳にしたことがある人も少なくないと思います。

大手塾のパンフレットを見ると、ほとんど毎年、合格実績が○○％アップしていると、右肩上がりのグラフを掲載しています。冷静に考えれば、少子化で子どもの数が減っているにもかかわらず、どの大手塾でも合格実績が伸びるなど、あり得ないことです。グラフが右肩上がりなのは、見せかけの数の操作がうまくなっているだけでしょう。

合格実績はいちばんのアピールポイントですから、あの手この手で底上げし、「この塾に入れば、憧れの□□校に行けるかも」と、素直な生徒や保護者に錯覚させるのです。

こうした大手教育産業の目的は、ずばり金儲けです。フランチャイズ加盟募集のウェブサイトを見れば明らかです。教育のことより、いかに効率よく儲けられるか、そんなことばかりが書かれています。

塾は民間教育ですから、経営を維持するだけのある程度の利益は必要です。それは否定しませんが、授業や指導のクオリティは低いのに授業料だけは一流、そして授業料を取っていながら学力向上という結果を出せないのは、はっきりいって詐欺です。

私の知り合いの塾経営者は「授業や講習を多く取ってくれる生徒のほうが、かわいい」

と笑いながら話していました。たくさんのお金を落としてくれる上顧客だからということでしょう。こういう人物に塾の先生であるなどとは、絶対に口にしてほしくないです。

青臭い、と笑われるかもしれません。しかし塾の経営者や講師は、曲がりなりにも教育に携わる者です。生徒のことをいちばんに考えられないのであれば、教育者を名乗る資格はないと私は思うのです。

「塾選び」の際、必ず見るべき6つのポイント

数多ある学習塾のなかから、優れた教育を受けられる良心的な塾を選ぶためには、いくつかのポイントがあります。私が常に気に掛けるべきだとしているのは、次の６つです。

①教室トップの姿勢、関わり方をチェックする
②「普段の授業」を必ず見せてもらう
③ネットへの書き込みではない、人同士の地域の口コミ情報や子どもの感想も重要
④授業・講習のシステムと費用が適正かどうか
⑤入試、受験の情報を得る機会が用意されているか
⑥清潔感があるか

これらは塾のパンフレットやホームページを見ただけでは、実際のところは分かりません。できる限り保護者と子ども本人で塾を訪問し、病院で医師が行う問診のように、気になるところを質問して、じっくりと相手を見極めていくのです。

塾選びのポイント① 教室トップの姿勢、関わり方をチェックする

まず、その教室のトップ、塾長、教室長といわれる人がどういう姿勢でいるかということです。責任者の人柄やビジョンによって、やはり教室の雰囲気はがらりと変わります。トップの教育理念や信念、子どもを伸ばすために大事にしていること、こうしたことを直接質問してみることで、塾の質が分かります。雇われ教室長で、マニュアルに書かれていることを話すだけの人と、きちんと理念や覚悟をもってやっている人では、当然、言葉や表情も違ってきます。特に大事なのは、子ども一人ひとりを尊重し、その子にとっての最良の未来をいちばんに考えているかどうかです。昨今の受験の厳しさを語り、不安をあおるとか、「年頃のお嬢さんには親御さんも気を遣いますよね」と、誰にでも当てはまる

当たり障りのない話をするだけ、というのは要注意です。

また、責任者が実際に教科の指導をしているかどうかも注目ポイントです。

大手塾では、教室長は入塾相談や面談などを行うだけ、というところは少なくありません。しかし教科の指導をしなければ、生徒の個性や課題は見えません。ましてその子に合った受験指導など、できるはずもないのです。教室トップが教科の指導で生徒全員を見ていれば、学習でも進路相談でも一つひとつの言葉の重みが変わってきます。教室長が教科の指導もしているような塾は、信頼してよい教育機関だと私は考えます。

塾選びのポイント②　「普段の授業」を必ず見せてもらう

次に大切なのが、授業の質です。授業は入塾希望者向けの体験授業ではなく、「実際の通常授業」を見せてもらうのです。講師の説明が分かりやすいか、子どもをよく見て理解に応じた指導をしているか、宿題の内容は学力に合っているか、しっかり確認します。

毎回の授業を公開していて「いつでも好きなときに見に来てください」という塾や予備校であれば間違いありません。そういうところは、授業の質に自信のあるところです。リアルタイムのオンライン授業コースをもっている塾も安心できると思います。授業時間帯になったら保護者も接続し、一緒に授業を受けてみればいいのです。

反対に、「生徒が集中できないので」などともっともらしい理由をつけて、塾が指定した時間以外は見学ができないところは、授業の質が十分でない可能性があります。

塾選びのポイント③　ネットへの書き込みではない、人同士の地域の口コミ情報や子どもの感想も重要

ネット上の塾の評判はあまり当てになりません。大手塾のマーケティング戦略によって実態が見えにくくなっているからです。それよりも、ネットへの書き込みではない、人同士の地域の口コミ情報のほうが実情が分かると思います。

地域の人に信頼されている塾、ただ同じ学年の誰々さんの子が通っているという情報ではなく、「あそこは子どもが伸びる」「実際に結果を出している」、そういう声があるところは選んでも問題ありません。またできるなら実際に通っている生徒、過去に通った卒業生などに感想を聞くことも有意義です。

子どもがただ「楽しいよ」というだけの塾は、実はNGです。個別指導塾ではありがちですが、大学生の講師と楽しく話をするだけの塾もあり、それでは学力は伸びません。授業は楽しいほうがいいですが、実際に学力を伸ばしていく過程では、苦しいところを乗り越えなければならない場面が必ず出てきます。そういうときに覚悟とある種の厳しさをもって、粘り強く指導を行っていくのが、本当に子どもの未来を考えている塾です。

当塾に何年も通っている生徒たちも、入塾して間もない子たちが「授業がすごく楽しい」と興奮ぎみに話しているのを横目で見ながら、「そりゃこんな授業今まで受けたことないから、最初は楽しいだろうけど、そのあとがたいへんなんだよ」と苦笑いしていいます。そういいながら、私たちが課す大量の宿題をきっちり仕上げてくる知的なたくましさを身につけた生徒たちは、今春もきっとすばらしい成果を上げてくれるだろうと期待しています。毎年ドキドキしてちょっと体調が悪くなります。

塾選びのポイント④　授業・講習のシステムと費用が適正かどうか

その塾の授業・講習システムと、費用についてよく確認する必要があります。

授業料は、月単位の通常授業の分だけを指していて、季節講習や追加講習はまた別途というところが大半だと思います。季節講習や受験期の特別講習で、授業料と別に十万〜数十万円がかかってくることも多々あります。

年間トータルでどれくらいかかるのか、どういうときに追加費用が発生するのか、受験学年（小6、中3、高3）になるとどうなるのか、といった点を聞いておくと安心です。

ちなみに当塾は、月々の授業料と季節講習の費用をホームページで公開しており、年度当初に年間いくらと決めた額を負担していただくスタイルでやっています。年度の途中にあとから突発的に費用が発生することはありません。中3受験期の1月下旬から2月後半にかけての約4週間は、受験直前のラストスパートということで特別講習を行っていますが、これはすべて無料で行っています。

「直前講習がすべて無料」と話すと、いつもとても驚かれ（そして喜ばれ）ます。生徒たちが受験当日を安心して迎えられるよう、私たちができることをすべてする、私たちを信頼して通ってくれた生徒たち、通わせてくれた保護者の方々への恩返し、そういう気持ちで無料講習を行っています。

塾選びのポイント⑤　入試、受験の情報を得る機会が用意されているか

次に挙げるのは、入試・受験情報についてです。

特に高校受験は、地域によって特色が異なります。高校ごとの校風や授業内容とカリキュラム、受験の選抜システム等を知るためには、地域の進学相談会や進学フェアといったイベントを活用して、なるべく多くの情報を入手し、吟味していく必要があります。

こうした進学相談会などの情報入手は大手塾のほうが有利です。個人塾の場合、良心的で指導力があるところでも、こうした情報入手の機会が限られるところもあります。高校の情報は各家庭で資料請求をすることもできますが、限られた時間で大量の情報を集めるのは大変な作業です。塾がどこまで情報収集に対応しているかは、重要なポイントなのです。

当塾の場合、私がＮＰＯ法人・埼玉教育ネットの一員として活動しており、「入試ファースト」という大規模な進学相談会を毎年、塾生とその家族に紹介しています。これはこの地域の公立・私立高校約80校、約４０００人が集う埼玉県東部最大の相談会で、夏休み前から受験校を決める秋頃にかけて年数回、開催しています。

もちろん埼玉県だけでなく、全国各地域でこうしたイベントは開催されています。こうした機会にできる限り多くの情報を集めれば、わが子に合った受験校選び、後悔のない進路選択に役立てることができます。

塾選びのポイント⑥　清潔感があるか

まず、教室は清潔に保たれているかの確認をしてください。掃除ができない人間にまともな仕事はできません。最近ではあまり聞きませんが、武道やスポーツ、修行という世界ではまずは掃除スタートです。この仕事でいうならば、文字どおり生徒の目線になって確認していきます。この観点がある教室は話を聞いてもよいと思います。ただ、この場所では多種多様な紙媒体のテキストや書類を扱います。それらが縦積みになっている教室を見ることがあると思いますがそこは問題ではありません。自分以外の誰かが使うスペースが清潔に保たれているかです。余りにも埃まみれでは考えものですが、大学教授の机や医師の机と同様と考えればなんとなく想像がつくと思います。他者への配慮ができるか、そういうことです。

［第4章］

忘れ去られた「学びの本質」知育と徳育が子どもの教育には不可欠

混乱した現代社会でもう一度、教育の本質を問い直したい

公立校を中心とする学校は、基礎学力の養成も受験指導においても、その役割を十分に果たせなくなっています。一方、家庭の保護者もわが子の学習の過程に寄り添う余裕はあまりなく、つい定期テストの点や偏差値など、目先のことに振り回されてしまう傾向があります。そして受験や進路について不安を抱える保護者・生徒の心理に付け込んで、高い授業料を取りながら、子どもの学力を伸ばすこともできない詐欺のような学習塾も巷には無数に溢れています。

こんなデタラメなわが国の教育の現状に警鐘を鳴らしたい、異議を唱えたいというのが、私が本書を執筆した動機の一つです。

この状況を根本から変えるのは簡単ではない。それは私も理解しています。しかし、このような混乱した時代だからこそ、あらためて教育の本質を問い直したい。子どもたちには機械やテクノロジーに代替されない真の学力を身につけ、自分の人生を切り拓いてほしい。それが、私が本書を通じて訴えたい思いの根幹であります。

私は民間教育、それも個人塾の一人の塾講師に過ぎません。しかし、子どもたちの未来

を輝かせるために自分にできる全力を尽くす、そこに妥協はしないという覚悟をもって日々教壇に立っています。子ども一人ひとりを思う気持ち、教育にかける熱量だけは誰にも負けない自負があります。

子どもを伸ばすには「知育」と「徳育」の両方の指導が必要

学習塾ですから、当然、学校のテストや受験で結果を出すことを大切にしています。受験は、子どもの人生において大切な転機にもなり得ます。そこで学んだ知識や思考力、自分を律して努力を継続する姿勢、そういうものがあとあとその人の財産になるのです。ただし、当塾の教育目標は「受験の勝者」を作ることではありません。受験を勝ち抜いて有名大学に入ったけれど、社会に出て力を発揮できていないという人は多数います。それは本人も周囲の大人も、試験の点や合格を勝ち取ることだけに懸命で、教育の本質がなおざりにされてきたからなのです。

ＡＩ（人工知能）やテクノロジーが進化し変革していく世の中で、新しい環境や職業に適応、創造していく人材を育てたい。そのために何が必要かを懸命に考え抜いたところ、行き着いたのが「知育」と「徳育」という言葉です。

子どもの教育は、「知・徳・体」の調和の取れた発達がすべての基本になります。これらを育てる営みが知育・徳育・体育ですが、このうち学習塾で指導を行えるのが、知育と徳育の部分です。

「知育＝深い思考力や表現力、それを支える確かな学力の養成」

「徳育＝自分も他人も尊重しながら、協調して暮らしていける豊かな人間性」

周囲の関わりがこのどちらか一つに偏っていると、子どもは人生のどこかで必ず伸び悩みます。子どもたちは、私たち大人が想像する以上の力を秘めています。子ども一人ひとりの力を十分に引き出すためには、この二つをしっかりと育てる指導が大切です。

本気で向き合えば、どんな子も必ず伸びる

実際に、当塾では知育・徳育の両面から指導を行っていくことで、さまざまな「逆転」が毎年当たり前のように起こります。

受験でいえば、周囲も期待しなかったような難関校に合格する子は珍しくありません。学校内のテストでも、落ちこぼれ寸前で教師にも見放されていたような子が、90点や100点を取ったようとうれしそうに報告してくれることがよくあります。定期テストや実

力テストの校内順位が、40位も50位も上がる子もいます。

私がいつも実感しているのは、指導者が本気で全力で向き合い、適切な方法で学習を進めていけば、どんな子でも必ず伸びる、ということです。

結果が出ないのは、子どものせいではありません。子どもが本来もっている力を引き出せていない指導者の責任です。もちろん子どもによって伸びる時期やその速さ・程度には個人差があります。しかし私は、伸びない子どもはいないと信じています。

そして、子どもを伸ばすために妥協や言い訳をいっさいせず、その日その瞬間になすべきことをやり遂げる――これを私自身にも課しています。

事実、2021年度は夏期講習修了後の時点で、当塾に通う中3生37人の実力テストにおける成績向上率は94％でした。私はこれでも満足はしていません。残り6％の子どもの力をどのように向上させるか、そこがこれからの勝負です。指導者自身も日夜努力し、向上していかなければなりません。

〈知育編・学力向上〉

学習のすべての基本となるのが「国語力」

当塾が学力向上という点で特に重視しているのは、①「国語力」、②「目や耳からの情報入力」、③「なぜ?を繰り返す」という3点です。

まず、私たちが最も力を入れているのが国語の指導です。国語というと、日本語は毎日使っているし基本的な読み書きさえできれば、わざわざ塾で習うものでもないと考える人は少なくありません。

しかし国語は、すべての教科の学習の基礎となるものです。数学でも英語でも、「先生、この問題の意味が分かりません」というのは、国語の力が不足しているのです。逆に国語力がつくと、他教科も成績が確実に上がります。数学の論理的思考力と空間把握力、事実を並べて検証する力は、国語力と密接に関係しています。

特に2021年4月から中学で導入された新しい学習指導要領では、どの教科でも長い問題文を読んで、問われていることをしっかり理解しなければ、正しい解答にたどり着けないタイプの学習が増えています。

高校入試においても、近年は問題文に答えがそっくり含まれていて、その一部分を書き抜きすればいい、という設問は少なくなっています。限られた時間で大量の長文を読み、そこから著者の主張や作者の意図を正確につかみ、適切に言語化して解答する、そういう高度な国語力が求められています。

当塾の国語指導で行っていることは、長文を高速で読む力の育成、思考の機会の増加、推論する力や理解力の養成、事実と意見をとらえる力や自分の考えをまとめて言語化する力の養成、といったことです。

こうした指導により、しっかり実績も出ています。近隣中学の定期テスト、実力テストで国語1位を取るのは決まってうちの生徒たちです。国語力が高い生徒は、数学や理科の思考系の問題でも難なく得点できるようになり、総合点でも当塾の生徒が上位を独占するということがよくあります。

姿勢や目の動き、耳からの情報インプットも重要

次に、国語力にも関わるところですが、問題に含まれる情報を高速で漏れなくキャッチできるようになるために「姿勢」や「目の動き」の指導もしています。

学習が進まない子、なかなか成果が出ない子は、教科書や問題文に書かれている情報をきちんと拾えていなかったという例が少なくありません。教科書の文字を読み飛ばしてしまう、見落としている、目に入っていないということが多いのです。これは目の動き、そして姿勢が関係しています。姿勢が崩れていて極端に前かがみ、頭が左右に傾いている、片肘をついているといった子は、そういう傾向が高くなります。

そこで背筋を伸ばして姿勢を正し、顔の左右の目の高さに人差し指を立て、顔を動かさずに目の動きだけで左右の指を交互にすばやく見るという、目の動きのウォーミングアップをします。これはいわゆる「速読」の手法です。学習前などにこうした目の運動をすると視野が広まり、多くの文を高速で読む準備ができます。

テストのときも、姿勢を正して問題用紙、解答用紙の全体が視野に入るようにすると思考や判断もすばやくできますし、見落としによるミスを減らすことにもなります。

最近になって気づいたことですが、「耳からの情報」に弱い子どもが増えている傾向にあります。目から入る視覚情報には強い一方、耳からの情報がなかなか頭に入らないタイプの生徒がいます。

中学の英語で「does（ダズ）」で聞かれた質問は「does（ダズ）」で答える、といった指導をするときに、音声だけでは伝わらず、文字を指で差して伝えたこともあります。聞き取りが十分にできないと英語のリスニングや会話が難しくなりますし、学校や塾の授業も十分な効果が上がりにくくなります。これは動画サイトなど視覚情報の強い刺激に慣れていることや、幼少期からの読み聞かせ経験が少ない、といったことが一因ではないかと推測しています。

そういうタイプの生徒には、日頃から日本語も英語も音読を丁寧にしてもらうことと、日常的に言葉によるキャッチボールを増やすように努力をしています。

「なぜ？」と考えることこそ、学びのプロセス

私たちの授業は、「なぜ？」がとても多いのが特徴です。「なんでだろうね？」「これっ

て、なぜだと思う?」という問いを、講師はたくさん発します。

あらゆる物事には理由があります。いわゆる暗記科目といわれる理科や社会もそうです。「なぜだろう?」と理由を調べたり考察したりしていくと、ある事象の背景や周辺の事柄にも視野が広がります。そこで見えた大きなつながりを一つのストーリーのように理解していくと、理解が深まるだけでなく、忘れにくくもなります。単なる暗記で蓄えた知識ではなく、学力を支える骨太な知識になるのです。

例えば、中学2年の歴史の授業でこんなこともありました。

江戸時代に行われた「天保の改革」というものがあります。徳川家慶に仕える老中・水野忠邦が1841~1843年に行ったものです。この時代は凶作が度重なり、天保の飢饉と呼ばれる飢饉がたびたび発生しました。物資不足と物価の高騰により、農村部でも都市部でも飢えで命を落とす人が大勢いました。そこで水野忠邦が財政引き締め、物価抑制、農村の復興のために「倹約令」の施行などをしたのがこの改革です。

この天保の改革について授業をしているとき、私は「でも、なぜこの時期に凶作や飢饉が重なったんだろう?」という質問を投げてみました。一人の生徒から「異常気象があったのかな」という声が上がり、その時期の気温を調べてみることにしたのです。

すると、享保、天明、天保の三大飢饉とプチ氷河期のような気温の低温期がぴたりと合致したのです。これは私も感動しましたが、生徒たちも感動していました。「なぜ?」を突き詰めることで、生徒は180年前に起きた天保の改革の時代をリアルにイメージできるようになりますし、「冷夏だった年は、野菜の値段が高くなる」といった身近な事象にも自然に興味をもつようになります。こういう経験が学ぶ楽しさになり、生きた知識になるのです。

世界トップの自動車メーカー・トヨタでは、課題の本質に迫り、効果的な「カイゼン(改善)」につなげるために「なぜを5回繰り返す」という話は有名です。それと同様に学習の本質に迫り、学力を高めるために、当塾では「なぜ?」を繰り返しています。

集団授業×個別指導のハイブリッド指導法「集団個別」

当塾の中学生を対象とした授業は1コマ45分×2で、2コマが1セットになっています。

1コマ目は講師が授業を行う集団授業です。2コマ目は生徒が各自の進度・深度・ペー

［図表７］授業風景イメージ

スで個別演習をする時間になっています。

1コマ目は、私をはじめとしたプロ講師が中心となって授業を行います。

当塾では授業の質をとても大切にしています。質の高い授業とは、生徒が自然に引き込まれて集中して聞くことができ、同時に論理的に納得して理解が深まる授業です。そのために私たちは抑揚、緩急、言葉選び、どれも一つひとつ考え抜いています。助詞一文字にこだわり、理解へのスムーズな流れを何度もシミュレーションして臨み、当日は生徒のリアクションで理解度を確認しながら進めます。

私は、レギュラーだけで年間600時間を超える授業を行っています。質の高い授業のために話術の勉強もし、現在は脱線と笑いを伏線とした、落語や講談のような授業展開に行き着いています。これも日々「カイゼン（改善）」を続けた結果です。この1コマ目で、楽しい雰囲気のなかでも論理的にしっかりと学習内容を理解させます。

そして2コマ目では、理解したことをもとにひたすら演習を繰り返します。いわば1コマ目が「分かる」ための時間であり、2コマ目は「できる」ようになるための時間です。個別の演習では生徒がそれぞれ自分のペースで問題に取り組んでいきますが、生徒の手が止まっているときは、さりげなく講師がそばに行ってフォローします。

そのときも、すぐに答えを教えることはしません。「どう？」と声を掛けて、つまずいている箇所のノートや板書を見るように促します。正直にいえば、その場で答えを教えてしまったほうがはるかに早いです。しかし、すぐに教えると、生徒は自分で考えなくなってしまいます。

老子の言葉に「授人以魚 不如授人以漁（人に授けるに魚を以ってするは、人に授けるに漁を以ってするに如かず）」というものがあります。

英語圏の格言にも同様の表現があります（Give me a fish and I will eat today; teach me to fish and I will eat all my life.）。

食料を欲している人に魚を与えるのではなく、魚の釣り方を教えなければ、その人が自分の力で生きていけるようにはならないということです。

その意味で、何でも与えたがる講師が良い講師とは限りません。手取り足取り教えてあげるというのも小学1年生までは許されます。しかし、それ以降は少しずつ自分で考え、成功も失敗もして改善点を見つけ、今よりさらに先へという精神で進んでいってほしいのです。

このほか単語や漢字の暗記などは、宿題と次回の授業の小テストで記憶への定着を図ります。夏期や冬期の長期休暇は季節講習を行い、それまでの復習と反復、次学期の予習までを行って、学力をさらに確固たるものにしていきます。子どもたちは忙しいです。我々は無駄なものはいっさい提供しません。講習は学校が休みの間に「学習備蓄」をする期間です。学校が始まってから子どもたちが余裕をもって過ごすことができるようになり、生徒会や部活動に積極的に参加でき、日々の生活をより充実したものにすることができます。

〈知育編・教科別の学習のヒント〉

続いて、教科ごとの指導についてです。これから述べるのは当塾でプロ講師が行っている学習法ですが、家庭で生徒が学習するときのヒントになる部分もあると思います。学校での授業や宿題には真面目に取り組んでいるのに成果が上がらないようなときは、家庭でもできそうな部分を参考にしてみてください。

国語　長文を高速で音読。長文は図式化して理解

国語の授業では、教科書などに載っている長文を高速で音読する、ということをしています。

入試では、大量の問題文を試験時間内に読み終わらなければいけません。そのためには、読む速さが重要になります。試験では黙読をしますが、通常、人が文章を理解しながら読むときは、音読より少し早いくらいのスピードで黙読をしているといわれます。目だけスピードを上げても、途中からただ文字をなぞっているだけになり、理解が追い付かなくなります。理解を伴った状態で速く読むには、音読が速くできることも必要なのです。

具体的にいうと、中学生で２７００文字くらいの文章を６分（３６０秒）で読む、という感じです。長文を読み慣れない子にとっては、最初は大変ですし理解が追い付かない感

覚になることが多いです。しかし、ここで諦めずに繰り返していくと、だんだん無理なく理解しながら読めるようになります。学問や技芸の習得は「習うより慣れよ」といいますが、長文を読むことも慣れがとても大切です。たくさんの文章を速く音読すると、高校生でも国語の点数が上がります。

また長文の読解では、そこに書かれている要素を表にまとめさせて理解につなげます。文学的文章なら、上の段に登場人物と心情を書き出し、下段に相手と心情を書いて、各々の関係性を整理させます。説明的文章であれば、上の段に主張と対になる内容、下の段に主張を書かせるという具合です。こうして長文に書かれていることを表にして「見える化」すると、そこで求められている解答への道筋が見えるようになります。この方法を追求し、動画配信とテキスト作成の準備を進めています。

国立情報学研究所と名古屋大学の研究によると、「読解力」の養成は15歳までが鍵、といわれています。中学生の段階で、こうした読解力を養う訓練をしておくと、大学受験にも通用する確かな学力が身につきます。

国語では、漢字が苦手でなかなか覚えられないという人も少なくありませんが、漢字の暗記は「つがわ式」を採用しています。これは津川博義氏が開発した記憶法で、漢字や英単語をすばやく覚えられて忘れないということで、テレビなどでも取り上げられていました。

漢字のなかでなじみのないもの、「薔薇」の「薇」の字であれば、中央の「一」の部分を10秒間見ます。すると、ほかの部分も自然に思い出せるようになり、書けるようになります。小学校で習った部首や形をもとにしながら、なじみのない（=覚えにくい）ところを補強するというメソッドです。これを生徒たちに指導し、効果も上がっています。

数学　問題文の問いを正しく読むことがスタート地点

次に数学の学習のポイントは、①設問を正しく理解すること、そして②図形問題への対処です。

まず①については、数学が苦手な子どもたちは問題文の内容を正確につかめていないことが大半です。ですから、設問で述べられている条件や求めたいものを図式に落とし込んで理解することが大切になります。例えば、方程式で次のような文章題があったとします。

設問：　2桁の整数Aがあります。この整数の各位の数の和は12で、十の位と一の位を入れ替えた整数Bは整数Aより36大きいそうです。このとき整数Aを求めなさい。

このような整数に関する問題は主語を表す助詞「は」に注目をします。日本語での「は」は数学では「＝（イコール）」の役割をします。そのため、まずは問題を読みながら「は」が出てきたところに丸を付けます。すると、丸をした左側が方程式の左辺、右側が右辺になることが決まります。主語を表す助詞については国語の文法の授業で扱っているため、文法授業の重要性を数学でも伝えていくようにしています。

この問題では「この整数の各位の数の和〝は〟12」、「十の位と一の位を入れ替えた整数B〝は〟整数Aより36大きい」となり、整数Aの十の位をx、一の位をyとすると、「x＋y＝12」、「10y＋x＝10x＋y＋36」となります。整数Aを「10x＋y」、整数Bを「10y＋x」と表すことについては具体的な値を用いて理解を図ります。例えば、72という値は、「72＝70＋2」、さらに「72＝7×10＋2」となり、十の位の数を10倍し一の位の数を足せば成り立つことが分かります。このように整数の表し方を単純に暗記するのではなく、成り立ちを説明することで理解を深めることができます。

問題文に書かれていることを正確に理解し、正しく推論と計算をしていけば誰でも解答にたどり着けます。

②の図形問題については、公式を覚えて当てはめるだけでは、基本問題は解けても、応用問題となると手が出せなくなることも多々あります。平面や立体の図を具体的にイメージしながら、どうすれば求めたい値にたどり着けるかを考えていくことで数学的な思考力、応用力が伸びていきます。

例えば、平行四辺形の面積を求める公式は「底辺×高さ」です。しかし、内角の大きい一つの角から垂直に補助線を1本引いて、できた三角形を反対側に移動させると、長方形になります。これならば平行四辺形の面積を求める公式を知らなくても、縦×横ですぐに面積を割り出せます。

当塾の授業では、図形を頭のなかで描いたり動かしたりできるよう、映像の教材も取り入れながら指導をしています。こういう訓練をしていくと難解そうに見える図形問題も、自分がもっている知識を組み合わせて対応していけるようになります。

図形の証明問題は「何を書けばよいのか分からない」という生徒がよくいます。そこで証明問題に取り組む際、必ず行うのが問題を読んで長さが等しい辺や大きさが等しい角があればそれを図に書き込むということです。授業内では講師が説明をする前に生徒に図に印を書き込ませることから始めます。それぞれが問題を読みながら図とにらめっこをして書き込みをし、どこに印をしていったか順番に確認していきます。そうすることによって見える化をし、証明を書き始めることができるようになります。1つでも2つでも書き始めることでほかにも書けることはないかと前向きな姿勢に変わっていきます。ここまでが第一段階です。図に書き込んでいけば証明が完了する問題もあれば、それだけでは不十分な問題もあります。その場合は、第二段階として結論から逆算して必要な辺や角を導くという方法を取ります。例えば、第一段階で等しい辺と角が1つずつ分かったとします。そうすると合同条件は2つに絞られます。そこからあと1つは等しい辺と角どちらを書けばよいのかを決めていきます。どちらなら等しいといえるのか、それは第一段階で書いた印が役立ちます。見える化したことで合同条件を満たすためにはあと何が必要か見つけやすくなります。頭のなかだけで考えるのには限界があります。視覚的に理解をしていくことで正しく証明を進めていき結論づけることができるようになるのです。

英語　日本語と対にして構造をつかむことが不可欠

英語は外国語ですが、理解のベースとなるのは国語（日本語）力です。英文を読むときも、主語、動詞、目的語、補語といった文の構造を日本語と照らし合わせて理解する、という指導をしています。

ちなみに大学受験レベルでは、日本語の順序のように単語の入れ替えをせずに、前から順に英文を読んでいく必要があります。そうしないと読むスピードが落ち、長文の問題文を時間内に読み終えることができないからです。それも中学校の段階で英文の構造をつかむ練習を繰り返しておくと、前から英文を読むスタイルにもすぐに移行できます。受験英語読解のポイントは「前からでは無理な文に気づく」です。

それから英文の音読にも力を入れています。日本語と同じように、英文を黙読するときも頭のなかでの音読が基本になっています。英単語が音として発音できないと、スムーズに黙読も進みません。最近は学校の授業でもあまり音読の時間がないようですが、教科書を音読でしっかり読めるようにすることが、重要な基礎作りになります。

英単語の暗記については、宿題として家で覚えてきてもらい、次回の授業で小テストをします。動詞の不規則変化の学習が始まる頃には、個別の演習でも60問連続で正解したら帰れるという決まりを作り、繰り返しを重視しています。

なかなか単語を覚えられない生徒は、何がネックになっているのかを一緒に考えます。ある生徒は単語帳一問一答を繰り返し勉強しても、どうしても全問正解できませんでした。そこで不正解を列挙し、共通点や法則性がないか分析しました。すると、単語帳の右上部分の単語にいつも間違いがあることを発見したのです。その子の目の動かし方などのクセで、見落としやすい、覚えにくい部分があると分かったため、そこを意識して学習してもらったところ、単語の暗記力がラクに伸びるようになりました。自分は暗記が苦手と決めつけてしまわず、それぞれに合ったやり方を探っていくことが大切です。

理科　身近な生活に目を向けながら、「なぜ?」を思考

理科こそ「なぜ?」が大切な教科です。

理科は、私たちの生活に深く関わっています。むしろ世界は理科でできているといっても過言ではありません。国語で昆虫などの生き物について書かれた文を読むときにも、理

科の知識のあるなしで理解度が変わります。地理の農作物や地場産業も、理科の植物や動物、気象の内容などが関わっています。

中学2年の化学で習う電気分解も、一見難しそうですが、どの家庭にもある日用品に使用されているアルミニウムの生成過程にも使われています。そういう身近な事象から「何からできているのか」「どうなっているのか」「なぜそうなるのか」といったことを紐解いていくのが、理科の学習です。

具体的な学習のポイントとしては、まずは教科書や資料集をきちんと読むことです。そして教科書の単元の初めもしくは終わりに書かれている「考えてみよう」「調べてみよう」「確かめてみよう」といったポイントにも取り組んでみることをお勧めします。

OECDの「生徒の学習到達度調査2018年調査（PISA2018）」で、日本の生徒は、科学的リテラシーは高い反面、関心・意欲が低いことが分かっています。小学生のときは好きだったのに、中学になると理科が嫌いになる生徒が多いのも特徴です。

自分の気になったところ、興味をもったところを探究するという姿勢で、学習を進めることです。家族や友人などを相手に「自分が理解したことを人に説明できるか」を確認するのも効果的です。

社会　教科書を読み込み、ストーリーで理解する

社会は一般に、理科と同様に覚えることが多い「暗記科目」と考えられています。しかし、断片的な知識をただ機械的に覚えようとしても限界があります。また、そういうただ詰め込んだだけの知識はすぐに忘れてしまいます。

社会の学習で有効なのは、一つの事柄の理由や背景を考えて、その前後のつながりをストーリーのように覚える方法です。

先日、地理の時間に九州のシラス台地を学習しました。シラス台地の産業では豚や鶏、牛などの畜産業が盛んです。

しかし、ただそのことだけを暗記するのではありません。

九州南部に広がるシラス台地の地形を見ると、霧島山や姶良《あいら》カルデラなどからなる火山地帯です。つまり、火山灰や軽石といった火山噴出物が堆積してできたのが、シラス台地です。火山灰の多い地質の特徴は水はけが良いことです。水はけが良過ぎて、稲作のような水を大量に必要とする作物の栽培には適しません。そこで保水性がない痩せた土地でも育てられる丈夫な作物として、サツマイモが多く栽培されるようになりました。そして豊

富なサツマイモを家畜の餌にして畜産業が発展していき、薩摩の黒豚といった地域のブランド産品が育っていったのです。

このように、物事の順序、一つひとつの理由やつながりに目を向けていくと、個々の知識も、鮮やかな色彩をもった映像のようにイメージすることができます。そのようにして得た知識は忘れにくく、記憶にも残りやすいのです。

社会も理科と同様に、教科書をしっかり読むことが第一です。資料集も、教科書には掲載しきれなかった興味深い情報がたくさん書かれています。気になることがあればインターネットで調べる、参考書や関連の書籍を読んでみるなど、やれることはたくさんあります。

そうした情報を読み込んで頭にインプットするとともに、「大坂の陣についてストーリーとして人に語れるか」（個人的な好みです。マニアが多く出題は稀です）といったアウトプットも試してみるのです。そうすると、そのときの自分の知識や理解の程度が分かります。

さまざまな出来事に対して国家であれ、人の集合体であることに目を向けます。そして自分が時代のリーダーといわれる人物たちだったらどうするかを考えます。国を安定させるには次に何をすべきか、また自分の野望を達成するには何が邪魔か、などを考えることで、時代や法律の成立した背景を流れで覚えることができ、思考力の醸成にも役立ちます。公民分野でもやはり背景を知れば何をすべきか、それには何が必要かを考えることができ、単なる暗記科目の枠を超えて学習することができるようになります。

〈知育編・受験指導〉

学ぶ理由は、将来の夢から逆算する

一般に学習塾での受験指導というと、学校の成績や学力判定テストなどの偏差値に照らし合わせ、進学先を選ぶイメージが強いと思います。

しかし私は、受験指導はただ進学先を選ぶだけではなく、将来の目標、学びの目標を共有していくことが欠かせないと考えています。どの高校・大学に行くかではなく、そこに行って何を学ぶか、そしてどんな仕事や生活をしたいのか、どんな自分になりたいのか。そこを生徒と一緒に考えなければ表面的な指導しかできず、未来に活かすこともできません。

学校や保護者は、どうしても生徒の「今の学力」で進路を考えてしまいがちですが、私は学校で落ちこぼれと評されてきた子が、見事に逆転を果たすケースをたくさん見ています。ですから、生徒の今だけを見ない、将来の可能性を勝手に摘まない、ということをいつも心に留めています。

そして生徒たちには「自分のなりたい未来から逆算して、自分の進学先を考えよう」という話をしています。なんとなく地域の自分が行ける学校に入学すればいいや、という感じだった生徒も、将来の話をしていると目に力がこもってきます。

先日も、入塾の相談に来た生徒に「将来、どんなことをしたいの?」と私が尋ねると、好きな漫画を出版している大手出版社で働きたい、と夢を語ってくれました。大手出版社への就職は相当な狭き門です。ですが、成功の確率が少ないからといって、大人が先回りして別の進路へ誘導してしまうのは間違いです。まずは子どもが自分で考え、そして一歩を踏み出す、それが何より重要です。

将来、何をしたいかの具体的なイメージがないという子は、何がしたくないかという視点でもかまわないと思います。自分の未来を想像し、それが今の生活や行動とつながっていると実感できるとき、子どもたちは苦手や困難があっても勉強を頑張り抜くことができるのです。

高校受験＝ゴールではない。その先を考えた進路選択

また毎年春に行う新中3生を対象とした「親子説明会」でも、同じように「未来から考えた高校選び」を推奨しています。中学生のほとんどが高校に進学する今の時代も、高校選びで考えなければならない要素はたくさんあります。

公立・私立・国立の違いがあれば、普通科・専門科の違いもあります。大学や専門学校への進学を視野に入れているときは普通科を選ぶことが多いですが、希望する職種・職業によっては工業系、商業系、調理師系などの普通科以外の専門科を選ぶ場合もあります。高校卒業後に就職を考えるなら資格を取れる高校が良いとか、就職実績を重視したいというケースもあり得ます。

首都圏や大都市圏では、高校から大学へ内部進学ができる大学付属校の人気も非常に高いです。高校の段階から進学したい大学の理系領域の専門的な学習ができる高等専門学校を選ぶ生徒もいます。こうした学校は入試の難易度もかなり高くなります。

また、入学後に学内でどういう立ち位置を狙うかということも意外に重要です。高校受験で少々無理をして上位の学校に入ったものの入学後に周囲についていけず、学習意欲を

[図表8]親子説明会資料1

〜道しるべ〜後悔しない高校選び

以下の項目に☑してください。過去、面談のなかで出た質問です。

□将来の夢がある・□将来の夢を進学して勉強するなかで見つけたい
□大学希望・□専門希望・□就職希望
□普通科・□理数科・□外国語科・□高専
□専門科{□工業・□商業・□農業・□医療・□福祉・その他（　　　）}
□男子校希望・□女子校希望・□共学希望
□部活動に所属する・□部活動は行わない
□入学後の希望順位、位置で決めたい
□高校所在地
□学校選択問題で勝負・□学力選択問題で勝負
□将来の夢がある・□将来の夢を進学して勉強するなかで見つけたい
⇒夢からの逆算で高校を選びましょう。何がしたい＝何はしたくないという考え方もあります。
□大学希望・□専門希望・□就職希望
⇒大学も専門も企業も多数あります。どこに行って何がしたいか考えてみましょう。皆さんが思っている以上に仕事の種類はたくさんあります。工業製品の部品一つひとつが違う会社で作られていることもあります。☆内閣府が進めているムーンショット目標も要確認です。
□部活動に所属する・□部活動は行わない
⇒一日の時間の使い方を考えてみましょう。
□入学後の希望順位、位置で決めたい
⇒その数字がそのまま未来へつながることを意識してください。
□高校所在地
⇒通学にかかる時間をきちんと計算し無理のないよう高校選びをしてください。

失ってしまう生徒もいます。逆に高校は中堅校へ行き、そこで成績上位に入って推薦入試で大学進学を果たすという考え方もあります。その意味では、高校受験はゴールではありません。その先をよく見据え、視野を広くもって考えることが大切です。

そして、どういう学校が自分に合っているのかは、生徒が自分で考えなければなりません。もちろん保護者と相談しながらでいいのですが、親任せや学校任せではだめです。生徒自身に考えてもらうために、項目を順にチェックしていくと条件を整理できるチェックシートを作成し、中3の6月頃に提出してもらっています。

そこでの希望をもとに、翌春の受験に向けて指導を行っていきます。

調査書（内申点）を上げるためにできること

高校受験のための学習指導は、大きく二つあります。①入試で必要な得点を取ること、②調査書（内申点）の点数を少しでも高くすること、です。

高校受験の合否は多くの場合、入試当日の学力検査（試験）と調査書の点数の合計で決まります。これは埼玉県だけでなく、全国的に共通のしくみです。学力検査で十分な得点を獲得する学力をつけるのは、学習塾として当然の使命ですが、当塾は埼玉県ですので、もう一つの調査書の得点アップにも力を入れています。

調査書の得点は「学習の記録（学校の成績）」「特別活動等の記録（生徒会活動、部活動など）」「その他の項目（検定取得、ボランティア活動など）」の三つからなります。

最も重視されるのは学習の記録、つまり中学3年間の学校の成績です。ここを良くするために学校の定期テスト対策をしっかり行っています。また第1章でも触れたように、学力に対して通知表の評価が低い、つまり「下ぶれ」している生徒には、生徒自身や保護者に、評価の是正につながるような指導もしています。

その方法は端的にいえば、各科目担当教師との距離を縮めることです。例えば、授業中にうなずきながら教師の話を聞く、授業外に職員室に行き質問や確認を行う。こうした些細なことでも違います。無理に媚を売るということではありません。授業内容や教師の話に興味をもち、それを相手にも伝わる行動に表す、つまり社会に出て円滑な人間関係を構築する練習をしてほしいのです。

いくら頭のなかで良いことを考えていても、それが言葉や行動に表れていなければ、教師もなかなかキャッチできません。特に男子生徒は、そういう表現を恥ずかしいとか、わざとらしいと敬遠しがちですが、それで損をするのはもったいないです。自分の良さを表現することも、これからの「生きる力」の一つです。

また、どうしても通知表の評価に納得できないときは、保護者が担任に相談するという手もあります。あくまでもクレームではなく、先生に電話をして時間を取ってもらい、穏やかに話をします。「この教科のこの項目を上げるためにアドバイスが欲しい」「家庭でも指導をするので見守ってほしい」、そういう頼み方をするといいと思います。

［図表９］親子説明会資料２

高校によって満点が変わる

例①：A 高校（**地域トップ校**）

① 学力検査 (5 科テスト)	②調査書 336点				合計 ① + ②
	学習の記録 1：2：3	特別活動等の記録	その他の項目	合計	
500点	※1 270 ＋	100 ＋	30 ＝	400 ※2 ×0.84	満点は 836点

例②：B 高校（**中堅校**）

① 学力検査 (5 科テスト)	②調査書 350点				合計 ① + ②
	学習の記録 1：1：2	特別活動等の記録	その他の項目	合計	
500点	※1 180 ＋	50 ＋	20 ＝	250 ※2 ×1.4	満点は 850点

※1　比率⇒学年末評定と表記数字の積の和。
※2　各高校で合計に占める調査書の割合が変化する。

［加算される主な項目］

特別活動等の記録 （学校内での活動）	生徒会 学級活動	生徒会長、生徒会副会長、その他生徒会役員など 各種委員会委員長・副委員長 学級委員長又はこれに準ずるもの 学校全体の行事の代表 その他評価できるもの
	部活動等	部長・副部長、同じ部活を 3 年継続 県選抜、郡市選抜 全国大会出場・出展、関東大会出場・出展 県大会出場・出展、郡市大会又はこれに準じる大会に出場・出展
その他 ・総合的な学習の記録 ・学校外での活動 ・資格取得	総合的な学習の時間の記録「特に顕著な活動」 継続されたボランティア活動、クラブチーム（スポーツなど） TOEIC、TOEFL、他語学検定 珠算、武道、書道、パソコン検定、囲碁、将棋、数学オリンピック各種コンテスト出場、各種表彰（教育長・知事賞など） **英語検定・漢字検定・数学検定**（ほぼ全学校で基準あり）	

※いずれも各高校によって基準が異なる。上記は各高校基準混在。
※各配点は門外不出。検定により合否が分かれた事実あり。

そのほか、調査書で「その他の活動」に当たる、英語検定、漢字検定、数学検定等の検定資格についても、希望者には動画配信と添削指導を行っています。

志望校を決めるのは、夏の伸びを見てからでも遅くない

中3の夏休み前の5～6月には、具体的な候補となる学校名を上げて面談（希望により三者、私の右腕も入る四者の場合もあり）を行います。ただし実際の志望校を決めるのはもう少し先でもかまいません。夏期講習でぐっと伸びてくる生徒が大半ですので、あまり早くから目標を下げず、挑戦校も視野に入れておくべきです。

夏休み期間中は、夏期講習と課題を計画的に進めながら、学校見学などにも足を運んでもらいます。進学相談会のようなイベントは、多くの学校関係者と話ができて効率的に情報収集ができます。

2学期の中頃の10～11月頃にかけて、いよいよ受験校を決める面談を行います。私たちの想像以上に力をつけてきた子は、偏差値上位の高校を受験するように勧める場合もあります。

最近の傾向としては、生徒も保護者もあまり冒険をせず着実な道を選ぶ、安全志向が強くなっていると感じます。ある男子生徒は、部活動をしながら夏期講習もいっさい手を抜かずにやり抜き、ワンランク上のA高校も十分に射程圏内に入っていました。ところが、秋の三者面談でも本人は1学期に名前を挙げていたB高校をそのまま志望、親も同意見という話だったので、私のほうから、こんなに学力が伸びていると説明して「A高校にも挑戦してみては」というお話をしました。

面談の最後に、保護者も「A高校なんて行けるとは思わなかった」と驚いていましたが、男子生徒は自信がついたのか、そこからまた一段ギアが上がり、ますます学力が向上しています。受験勉強はこうした「伸びの流れ」に乗ることがすごく大事です。こういうときに生徒たちは、本当にすばらしい成長を見せてくれます。

〈徳育編〉

社会で幸福に生きていくために不可欠な能力

私たちが「知育」とともに力を入れているのが「徳育」の面です。徳育は、現在の学校教育にも「道徳」という教科として取り入れられています。

道徳というと、規則や規範を守るなど何かきゅうくつなもの、古めかしい価値観と思われるかもしれませんが、そこで育てようとしているものについて文部科学省は次のように説明しています。

・自分自身に関すること：自己の生き方を探求する力の育成や、生活習慣の確立。
・ほかの人との関わりに関すること、集団や社会との関わりに関すること：人間関係能力や社会の一員としての責任感の育成、規範意識の醸成等。
・自然や崇高なものとの関わりに関すること：自然に親しみ、美しいものに感動することや人間の力を超えたものに畏敬の念をもつ機会を通じた情操の涵養等。

これらは、自分の思いを表現しながら、他者も尊重し協調して仕事や生活をしていく資質・能力を指しています。

こうした力は近年「非認知能力」とも表現され、注目されています。テストで測れる「認知能力」とは異なりますが、子どもが社会のなかで幸福に生きていくために不可欠な資質・能力と考えられるようになっています。

受験を勝ち抜いて、良い大学を卒業しても社会に適応できないという現象は、受験で使用する認知能力と非認知能力のバランスが崩れているのです。


与えられるのが当たり前ではない。挨拶も自分から

知育以上に、徳育の指導法に絶対的なものはないと思いますが、基本的なマナーや礼儀、他者を尊重し思いやる、約束を守るといったことは、大人が根気よく指導をしていく必要があると思っています。

マナーという点では、近年はなかなか自分から挨拶をできない、「ありがとう」や「ごめんなさい」を言えないという生徒が多くなっている印象です。

こうしたことは本来、家庭や学校で身に着けていくものだと思います。ただ、最近の子どもたちは学校でも家庭でも、与えられる・指示されることが当然になり過ぎ、「ありがとう」も言わずに済む生活になっているのかもしれません。「こんなことまで指導するのか」と最初は戸惑う講師もいましたが、小学生の段階から自分から挨拶やありがとう、ごめんなさいを言えるようにしようと、繰り返し話をしています。

多くの生徒が通る出入り口をふさぐように、自転車を停めたらどうなるか。そうしたことを考えるのも、社会生活に欠かせない視点です。「きみがここに自転車を停めたらどうなると思う？」と問い掛け、考える機会を作っています。昨今の価値観の多様化は歓迎すべきですが、自由と責任は表裏一体であり、個別最適化と公共の福祉は対で考えるべきです。

そもそも塾に通えること自体、当たり前ではありません。親が汗水、時には涙を流して働いて得た報酬を投じてくれているからできることです。生徒の今の状況は決して当たり前ではない、感謝の気持ちをもとう、と折々伝えています。

時に保護者から「ここは塾ですよね？」「学校の先生だってそんなことは言ってくれないので、とてもありがたいです」と感謝されることもあります。

スマホは保護者の持ち物。管理ツールも活用する

生徒の生活面の支援・指導では、昨今はスマートフォンやゲームとの付き合い方が大事

なポイントになっています。

中学生頃というのはとても微妙な年頃です。親が管理しようとすると強く反発しますが、実際に自己管理ができるかというと、まだまだ未熟なところがあります。

前に書いたように、スマホは大人でも使い過ぎてしまうことがある、便利で魅力的なツールです。そんなツールを子どもに持たせて、本人に任せきりにするのはよくありません。やはりそれぞれの家庭で使い方・使用時間を決めて守るようにする、というのが現実的でしょう。

私は中学生の親子説明会でも「スマホは、親がお金を出しているのだから親の物」と生徒と保護者にはっきり伝えています。「子どもは親からスマホを借りているだけだから、親と使い方を相談し、必ず守ってください。スマホをどう使っているかも、SNSも含めてすべて保護者が目を通していいと思います」とも言っています。

実際に、保護者がわが子のSNSをチェックしたことで、助かったケースが何件もあります。学校の友人同士で深夜までSNSのやり取りに明け暮れ、学習意欲が落ちてしまったとか、親が介入しなければいじめに発展していた可能性がある、そういう事例は少なくありません。

今は保護者が子どものスマホに利用制限をかける機能もあります。サイト閲覧やアプリのダウンロード、利用時間、課金などを制限できます。子どもが約束を守れないときは、遠隔でも操作できますから、そういう機能を利用するのも一案です。

また、子どもに「単語の暗記や調べものといった学習にスマホを使う」と言われてしまうと、保護者は制限がしにくくなります。しかし、中学生の学習にスマホが必ずしも必要なわけではありません。

トッパン・フォームズが公表したデータ（2013年）によると、スマホのようなデジタル媒体に比べ、紙媒体のほうが集中を表す脳波が高いという結果が出ています。それだけでなく、デジタル媒体では集中に関係のない部位が反応を示していることが分かっています。今の中高生はデジタルネイティブ世代といわれますが、学習という面では、まだ人間の進化がデジタルに追い付いていないのかもしれません。

当塾でも基本的に校舎内ではスマホ利用を禁止しています。高校生以上で、自己管理をしながら学習を進められる生徒は、調べもの等での使用を認めています。

自分を客観視する「メタ認知」の力

私たちは、子どもたちの「メタ認知能力」の養成も意識しています。メタ認知とは、脳科学や心理学、教育学などで使われる言葉です。自分が認知していることを認知する、つまり自分の考えや行動、感情、判断などについて客観的にとらえることを指します。もう一人の自分が、離れたところから自分自身を冷静に見つめているような感覚です。

メタ認知の力が育つと、自分自身を客観的に振り返ることができます。また自分が他者からどう見えるかを想像したり、自分の言動が周囲にどういう影響を与えるかを考えたりできるようになります。そして、良くないところがあれば自ら軌道修正をしながら、より良い方向へと進んでいくことができます。

例えば、受験が迫っているのに遊びやほかのことに逃げてしまい、学習が進まない。これも自分が今どういう状況にいて、最優先ですべきことは何かを考えるという、メタ認知が働いていない状況です。

私は、子どもたちがつらいことや都合の悪いことから「ただ逃げている」と感じたときは、本気で叱るようにしています。

高校受験を控えた中3生の夏期講習では、塾で1日5時間の講習のほかに、大量の宿題も課します。帰宅して夕食後にすぐに机に向かわなければ間に合わない量ですが、なんとなく家ではゲームなどをして、だらだらしてしまう。あー宿題が終わらない。でも、いいや、どうせ怒られないだろう。そんな態度が続いていた生徒には、「それは違うよね」ときつく話をしました。

生徒は、大人に本気で叱られた経験がないのか顔面蒼白になっていましたが、そこから生徒の本気度ががらりと変わりました。

これまで本気で何かを頑張ったことがなく、学校でも家庭でも評価されたことがない。そういう子どもは、どこかに心の弱さがあり、自分の課題から逃げてしまうことがあります。しかし、そこに向き合えるのは親でも教師でもなく、自分しかいません。厳しい叱り方に込めた私の思いが、生徒にも伝わったのではないかと思っています。

メタ認知能力は、年齢が上がれば誰でも身につくものではありません。大人でも弱い人はいますし、子どもや若い世代でもメタ認知能力が高い人はいます。

先日、当塾で学んだ卒業生が私のもとを訪ねてきました。彼は紆余曲折を経て、志望校の入学者のなかでトップ10に入る学力と強い意志、他者の痛みに寄り添える豊かな人間性を身につけ、卒業していった生徒です。

彼は現在、とある企業の技術職として働いています。そこで、周囲との価値観の違いに悩み私に話を聞いてほしいとのことでした。いわく、周囲の人は決められた以上の仕事をしない、給与を得るためだけの労働で、向上心がない。そういう先輩・同僚を見ていると、心のおきどころが分からなくなる、とのことです。私は話を聞いて、少し前まで学生だった彼のメタ認知能力の高さと、まっすぐな気持ちに感心してしまいました。

せっかくそういう気づきがあったのであれば、それを周囲の人も意欲をもてるような短期的・中長期的な目標、ビジョンにつなげて発展させていくのはどうかと話をしました。こういう意欲ある若者が、社会の未来を開拓してくれるだろうと期待しています。

〈生徒たちの成長の記録〉

私たちのもとで学んで「逆転」を果たした生徒たち、見事な成長を見せてくれた生徒たちの体験談を紹介します。ここに挙げたような学力向上の事例は、当塾にとっては特別なことではありませんが、私の印象に残っている生徒の成長の記録をいくつか紹介しておきます（個人が特定されないよう情報は加工しています）。

当初の成績は中の上。音読や学習指導でどんどん力を伸ばし、地域のトップ高校に合格

真面目な性格のAくんは、小6のときに入塾してきました。模範的な生徒でしたが、最初は、耳からの情報を頭のなかで描いていくことが苦手で、言われたこと、問題で要求されていることはなんとなく理解できるものの、正解に〝かすった〟解答になることが多い傾向がありました。中学に入ってすぐの成績は5段階評価で5が1つ、あとは4と3という感じでした。もともとの力は低くありませんが、それが結果に結び付いていない印象でした。

そこで国語の音読を大量にするとともに、学習の仕方をアドバイスしました。速読などは真似をすることからのスタートです。学習面、生活面ともに小さなことでも褒めるようにし、失敗しても間違えても、一歩踏み出したことを褒める指導を徹底しました。

Aくんは素直な性格のため、指導したことをぐんぐん吸収し、学力もめきめきと向上。中3のときの定期テストでは、学年全体でも5本の指に入る力がついていました。そして学力検査と調査書ともに高得点で、地域トップ校へ無事に合格を果たしています。

Aくんは高校入学後も、当塾での学習を継続しています。高校では運動部に所属していますが、現在、国内トップレベルの国公立大学受験へ向けて驀進中です。大学に入学したら私の優秀な教え子講師としてスカウトしたいなと、密かに狙っています。

気持ちの浮き沈みに寄り添いながら、一緒に並走。第一希望の医療系大学へ進学

Bさんは明るい性格の女子生徒です。少し自我が強く、情報や興味が偏りがちなところがありました。小6で入塾していますが「分かんない!!」と感情が乱れ、学習が止まることが時折ありました。

ほかの習い事との関係でいったんは退塾しましたが、中学1年時に再度入塾してきました。当時は、学校の実力テストの順位では学年でちょうど真ん中あたりから下位3分の1くらいの間を行ったり来たり、という状況でした。

当塾では国語をはじめとした5教科を指導。Bさんは、言われたことは真面目にやりますが、テスト結果などが悪いと、気持ちが沈んでしまいます。諦めがちなところを必死に

声掛けをしながら寄り添い、気分のアップダウンをコントロールする術を身につけさせていきました。

中3になると少し気分のムラも減り、学力も偏差値で10以上も伸長しました。高校は第一志望の公立校には惜しくも手が届きませんでしたが、第二志望だった私立校に入学し、高校生活を楽しんでいました。

そして、高校在学中も当塾に通い続け、3年後には第一希望の医療系大学へ現役で進学を果たしてくれました。

「勉強の仕方が分からない」ところから、定期テストで、5教科合計100点アップ

Cくんは、口数は少ないですが、素直で何か人を惹きつける人間味のある生徒です。Cくんは「勉強の仕方が分からない」ということで、中学2年で入塾しました。

当時のCくんの様子は、今もありありと覚えています。本当に文字どおり、勉強のやり方が分からない様子で、テスト対策の授業で登校してきたときに、じっとワークを見つめ

たまま固まっていたのです。

そこでワークの進め方を具体的に教えたところ、次の定期テストでいきなり5教科合計100点アップを果たしました。以降、100点アップを達成した生徒は数多くいますが、Cくんは私が指導した最初の100点アップの生徒です。

Cくんは、得意な数学を活かしたいと高校は公立高校の工業科に進み、専門学校に進学しました。Cくんとは卒業後も付き合いがあり、就職の際の仕事選びのアドバイスもしています。今は希望の職種に就くことが決まり、うれしい限りです。今後にも期待しています。

難関高校での成績順位が、300人中240位から、80位へ上昇して自信に

中1の最後に転塾してきたのが、Dさんです。

Dさんは冗談好きですが、基本的に真面目な性格です。中学ではバスケットボール部に所属していましたが、運動も勉強も頑張るバランス型で、中2以降の成績は常に学年の上位に位置していました。高校はそのまま第1志望の地域トップの女子高へ合格し、いったん退塾しました。

ところが、地域トップ校ならではの洗礼を受け、最初の定期テストで学内順位が３００人中、２４０位へ沈んでしまいました。もともと彼女が通っていた中学のカリキュラムに問題があり、近隣他中学校と比べて学習時間が少なかったことも影響していた可能性があります。

Dさんは、当塾の高校部門で学んで、高1の学年末テストで学年80位まで上昇。高校での生活にも自信がもてるようになり、高3の夏まで部活をしながらも、当塾にも毎日登校して時間いっぱい過ごしていました。

直前期には、誰よりも早く塾に来て問題傾向が似た大学の過去問を自ら探して、これは使えるかあれは使えるかと講師に確認しながら、意欲的に過去問に取り組んでいたものです。自発的な学習と「継続は力なり」で、Dさんは第1希望の医療系国公立大学へ、無事に合格を果たしました。

Dさんはお菓子作りが得意で、卒業後も時々お菓子持参で顔を見せに寄ってくれます。私たち講師もいつも心待ちにしています。

［第5章］

子どもたちの未来のために必要な真の教育とは

最近、当塾や私たちの教育について、教育関係の雑誌や業界紙で取材を受けたり、講演を依頼されたりする機会が増えています。

先日も、大手教育産業のトップも参加する塾関係者向けのオンラインセミナーで、私がパネリストの一人として招かれ、当塾の取り組みについてお話ししたところです。

学習塾は対面での指導が基本ですから、コロナ禍によって塾業界が受けた打撃は小さくありません。質の高いオンライン授業や感染予防策など、生徒や保護者のニーズに十分に応えられなかった塾は生徒数を大きく減らしています。大手塾上場11社でも、2020年4～6月は売上が平均約12％減少。同6月の学習塾指数（経済産業省統計データ、2015年を100とする受講生徒数に基づいた指数）は92・3まで低下しました。

先のセミナーは、そうした逆境にもかかわらず、生徒数を伸ばしている塾の一つとして、私たちの取り組みを具体的に話してほしいという依頼でした。そのセミナーの模様は『塾と教育』（2020年11月号）という業界誌にも掲載されています。

私がこの業界に入ったのは約10年前です。フランチャイズではなく、独立系の個人塾経営者としては、私はかなり若手の部類に入ります。その私が、自分の親のような年齢の業界の重鎮と並んでお話をさせていただけたのは、本当に光栄なことです。

私が社会に出て直面した、厳しい現実と閉塞感

私自身は、勉強は嫌いではありませんでしたが、決して模範的な生徒ではありませんでした。勉強も短期集中型で、高校までテストはほぼ一夜漬け。それでも中学での学年順位はトップ20位以内、高校でも科目別であればクラス内1位を何度か、という感じで、今から思えば完全に勉強をナメていました。しかし、当然のごとく大学入試には歯が立たず、一浪して某私立大学に入学したのです。大学時代は、アルバイトで塾講師をしていました。

塾で指導し、生徒が学力や自信をつけていく過程を見るのは純粋に楽しく、就活では塾への就職も頭をよぎりました。しかし当時は就職氷河期です。貴重な新卒入社の機会ということもあり、結局、民営化されたばかりの郵便局に就職を決めました。

私はもともと反骨精神があるというのか、決まったルールに盲目的に従うより、自分で考えて動きたいタイプです。入社した職場でもいろいろと新しい提案をしてみましたがまったく相手にしてもらえず、不満ばかりが募る日々でした。半年後には、もっと社会勉強をしたいと考え、大手自動車会社の新車販売の営業職に転職していました。

私はここでも、また壁にぶち当たります。新車販売の飛び込み営業マンを、快く迎えてくれる顧客はそう多くはありません。ただ断られるだけでなく、汚いモノを追い出すような門前払いや、罵声を浴びせられることも多々あります。そうした対応が続くと、自分が社会のクズと言われているかのようで、ひどく気分が滅入ります。

もちろん、外回り営業で接する人には優しい人もいました。なかには「ご飯を一緒に食べよう」と奢ってくださった年配の人もいます。しかし、そこで日々突き付けられた社会の格差や矛盾はあまりにも強烈で、「このままではダメになる」「もっと自分自身が力をつけなければ」と感じた私は、2年ほどで退職の道を選びました。

迷走を経て、教育者になりたいという本心に気づく

ここから私の迷走が始まります。とにかく自分を活かせる仕事、情熱を注げる職場を見つけようと1年間で26社の採用試験を受けました。菓子材料の会社や○○メーカーなど、思いつく限りの多職種の会社を受けましたが、私自身もピンと来ませんし、先方から採用の通知も届きません。完全に迷子の状態です。

自分は何をしたいのか。自分には何ができるのか――。じりじりと自問自答を繰り返す

日々が続きました。そうした葛藤の末に頭に浮かんできたのが、学生のときアルバイトで経験していた塾講師です。「そうだ、やっぱり自分は教育者になりたかったんだ」と心のなかの願望に気づいたのです。

そこで教職課程を取ろうと考えて大学の通信課程を受講しました。同時に、学生時代のバイト先に相談し、通信制サポート校の非常勤講師として働き始めました。

通信制サポート校には、普通の高校には適応しにくい、非行や発達面などなにかしらの難しさを抱えた生徒たちが多数います。そういう生徒は会話に集中することも難しく、こちらが全力で向き合わなければ目すら合わせてもらえません。そこから私の真剣勝負が始まりました。どうしたら注目してもらえるか、どうしたら生徒が興味をもって学習に取り組めるか、話の内容から言葉の選び方、声のトーン、身振り手振り、あらゆる試行錯誤を繰り返しました。

そして今も忘れられないのは、ある社会の授業です。通信制高校では年に数回必ずスクーリングに参加することになっています。提携校で講師が見つからないため急遽依頼され、一度も会ったことのない生徒たちに授業を行うことになったのです。担当するのは1時間、100人規模の教室へと向かいました。そこには色とりどりの個性的な髪、乱れた服装、机にどっかり足を乗せてそっくり返る生徒、俯いたままじっとしている生徒、落ちつかない様子で周りを見回している生徒、さまざまな生徒がいました。私は彼らへの授業として第二次世界大戦をテーマに選びました。祖父がシベリア抑留を体験しており私が生まれる以前にはPTSDで苦しんでいたこと、祖父の弟が特攻で亡くなっていること、皆自分で選んだ環境でなくとも必死で生きていたことを伝えたかったからです。しかし授業は当然、私的感情抜きに第二次世界大戦を多角的な視点で淡々と進めました。若手講師の授業でよくあると耳にしますが、私的バイアスがかかった戦争の授業は危険です。多感な時期の生徒たちに話すには思想統制や戦争美化の危険があり、非常に難しいのです。そして知識としての授業が完結したあと、私は、彼らと同じ年齢の特攻隊員から送られた愛する人への最後の手紙を紹介していきました。今に感謝し、周囲を愛し、何者にでもなれる自分を愛し、一生懸命生きてほしいと願ったからです。授業後、片づけを終えて学校を出ると受講した生徒が待っており、感謝の言葉をもらいました。

ゼロからの挑戦で、合格率100%を達成

教育者としての一つの成功体験を積み、ますます教育に情熱を傾けていく決意が強く

なっていったその矢先。昼はサポート校の講師、夜は塾の講師という日々全力を出し切る生活を続けていて、無理がたたったのか抵抗力が極端に低下し、肺炎を発症してしまいました。生死をさまよい、それまでの生活をいったん断念せざるを得なくなったのです。

少し回復してきた頃に、埼玉県の指導力に定評のある塾グループの求人に応募し面接を受けました。まずはグループ内別会社の社長との面接でしたが、すぐに塾本部社長との面接へ進めるよう手配してくれ、ここから私の道が拓かれていきました。それからは本当に充実した日々でした。研修担当には超が付くほど授業がうまいベテランの先生がついてくれ、テクニックから何から惜しげもなく授けてくれました。今でもお話しする機会がある私の師匠です。勤務開始から半年後、役員面接の機会が訪れ、そのなかで会社に対して要望はないかという質問がありました。少し悩みましたが「いずれ独立を考えている。教室を1つ任せてほしい」と思い切って直談判すると思いがけず「面白いね。いいよ」という返事をもらったのです。「ただし、目標を与え、それがクリアできれば」という条件付きでした。その社長は懐の深い、器の大きな人で、私が社会の闇を見てきたこれまでの経験も踏まえ信じてくれたのだと思います。目標についてもクリアできなければ独立後生活に困ることも織り込み済みであえて設定してくれたのだとその場で理解しました。私は「必ず結果を出す」と約束し、2015年の夏から教室長として教室運営と生徒たちの指導に邁進していきました。そして翌春合格率100％、つまり、生徒たちが志望する高校（都内・県内難関私立大付属や高専含む）に全員が合格するという輝かしい実績を達成することができたのです。また2016年4月末在籍数では目標達成率124％でトップの数字でした。そして2016年夏に3年間のフランチャイズ契約を交わし、以後も指導に磨きをかけながら3年間実績を出し続け、当初の予定どおり、2019年に独立し、自分の個人塾をもつに至りました。その後、グループ全体の代表からも「大坪くんを独立させず、残しておけばよかった」と声を掛けていただき、塾の社長とも「こんな名誉なことはないね」と話をしました。

こうして私自身が歩んできた道のりが、今の当塾の指導の礎となっています。

本気で子どもを思えば〝ブラック〟になるのが教育

私は子どもの未来を創造する教育者の一人として、そのときやるべきことに妥協はしません。塾の授業時間は午後10時までですが、生徒から9時50分に質問が来れば、「10時だから今日はここまで」とはできません。生徒がきちんと理解できるまで、付き合います。

私自身の教材研究や指導計画を考えていると深夜1時、2時になることもザラです。

そういう話をある同業の講師にすると、「2時まで仕事とかブラックじゃないですか、（自分なら）ないないないない」という反応でした。そういう人は講師、教師とは呼べないと私は考えます。

そもそも、本気で生徒のことを思えば、指導を時間で区切ることなどできません。ブラックにならざるを得ないのが教育という職業だと私は思っています。先生と呼ばれるにはそれ相応の苦労が伴います。それでも自分で選んだのなら、全うするよう努めるべきです。それが分かっているのに、なぜ目を背けるのか、私には理解できません。

教育の質は、ただ時間という単位だけで測れるわけでもありません。システムや教え方のクオリティも大切です。そこで何を指導するかという教育内容が重要なのは、いうまでもありません。学校の教師の働き方が「ブラック」といわれる問題もありますが、労働時間のみをクローズアップしていては、もっと大切なことを見落としてしまいます。

心ある塾の講師は、教育という生徒と向き合う仕事を「自分がやらなければ誰がやる」という思いで日々努力しています。

ほかの職業で考えてみても同じことです。営業の仕事をしていた実体験をもとにいうと、あの顧客は今どうしているだろう、悩みごとはないだろうか、あのときの接客はもう少し改善できたはずだ、もっと違う言葉があったのではないか、そんなふうにプライベートの時間を削ってでも日夜考え続けていました。削るという意識はなく自然に考えていた、という感じです。それは誰かの役に立ちたい、社会貢献をしたい、そういう私自身の内発的動機から生まれているからです。

世の中に、仕事より楽しいことは当然たくさんあります。例えばレストランやレジャー施設へ行けば、楽しい時間をもてます。一方で、私たちが楽しむために最高のサービスを提供してくれる店員やスタッフがいます。その人たちが、お客である自分と同じ楽しさを味わっているかといえば、そうではないでしょう。しかし、スタッフたちは自分のサービスに誇りと自信をもって働いているはずです。

私は、人生の半分を過ごす「仕事」に本当のやりがいや楽しさを見いだし、自分の情熱を注ぐことができれば、それはとても幸せなことだと思います。

教育をブラックだという人は、その人自身と仕事のミスマッチがあるというだけです。私は、自分自身で選んで教育をしています。そして私が指導する子どもたちには、人生の選択をする力をつけるサポートをし、ミスマッチがあれば修正し、さらに進んでいく力をつけて巣立たせたいと考えています。

テクノロジーの変化によって、今の職業の約5割がなくなる

知識中心・暗記中心で、短い時間でより速く正解にたどり着くための従来の学力は、未来の社会では通用しなくなります。一定の知識やデータからすばやく正しい「解」にたどり着くという作業は、ＡＩ（人工知能）や機械のほうがずっと得意なのです。

現に、暮らしのなかにもどんどんＡＩを用いた技術が導入されています。人に代わって、ＡＩに代替されていく仕事も増えています。単純作業はもとより、飲食店のホールスタッフのような対人サービスもロボットに置き換えられようとしています。

野村総合研究所のレポート（２０１５年）でも、今後、日本の労働人口の約49％が、人工知能やロボットに代替可能と報告されています。これはアメリカやイギリスに比べても高い割合になっています。

子どもたちの学習にも、ＡＩは進出しつつあります。ＡＩのソフトウェアを搭載したタブレットで問題を解き、子どもが間違えた問題、単元が繰り返し出題され、自動的に苦手克服の演習が進められるというものです。家庭用のサービスもありますが、そういうソフ

[図表10]人工知能やロボット等による代替可能性が高い労働人口の割合
（日本、英国、米国の比較）

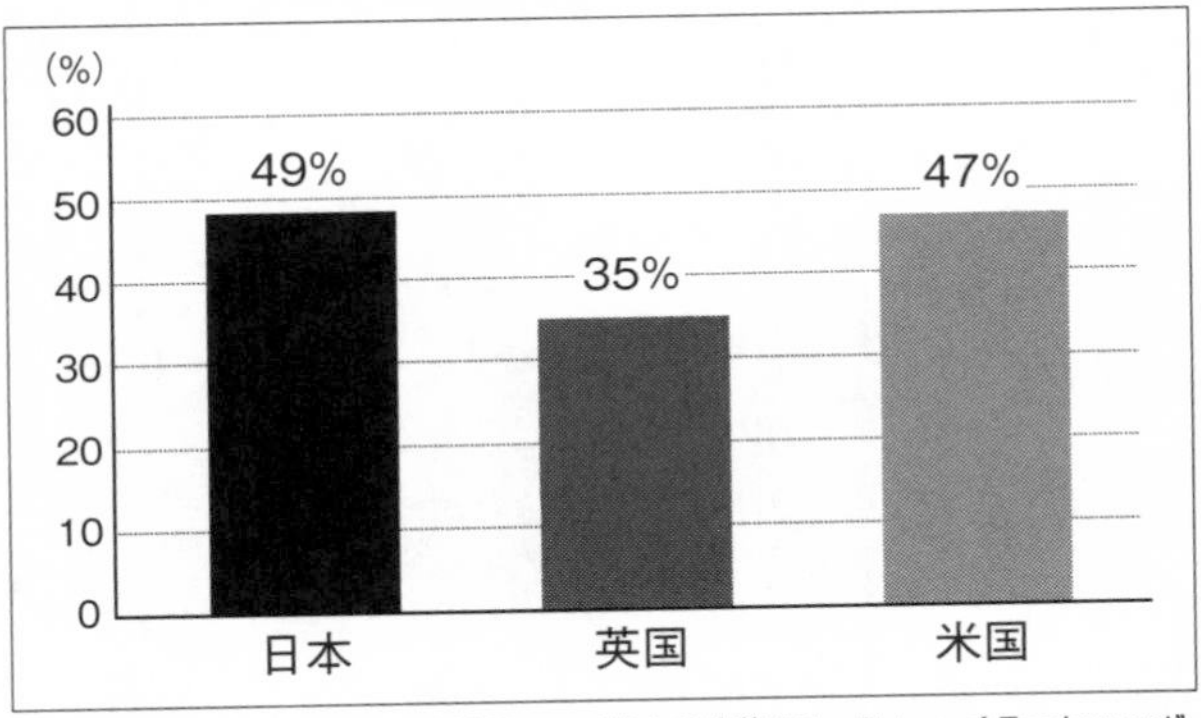

注）米国データはオズボーン准教授とフレイ博士の共著 "The Future of Employment" (2013) から、また英国データはオズボーン准教授、フレイ博士、およびデロイトトーマツコンサルティング社による報告結果 (2014) から採っている。

代替可能性が高い職種：全職種の49%	代替可能性が低い職種：全職種の51%
事務員（一般・医療・経理など）・受付係・駅員・機械木工業・管理人（マンション・寮・駐車場）・金属加工業・建設作業員・自動車工（組み立て・塗装）・警備員・新聞配達員・測量士・タクシー運転手・電車運転士・路線バス運転士・配達員（宅配便・郵便・バイク便）・データ入力係・ホテル客室係・メッキ職人・レジ係…etc.	アートディレクター・グラフィックデザイナー・編集者・フリーライター・漫画家・シナリオライター・演奏家・ミュージシャン・料理研究家・フードコーディネーター・アナウンサー・放送ディレクター・報道カメラマン・セラピスト・作業療法士・理学療法士・犬訓練士・映画監督・舞台演出家・舞台美術家・俳優・テレビタレント・音楽教室講師・学芸員・ケアマネージャー・経営コンサルタント・医師・教員・保育士・幼稚園教諭・ネイリスト・美容師・デザイナー・学者・ツアーコンダクター・旅行会社のカウンター係…etc.

参考：野村総合研究所「News Release (2015年12月2日)」

トウェアで指導することを売りにしている学習塾も登場しています。

しかし、そうしたソフトウェアは、諸刃の剣です。実は使用する教師、講師を選ぶ難しいツールで、子ども一人ひとりの得意・不得意や学習進度に合わせて使いこなせる講師であれば、効率的に学力を伸ばすことができます。

それに対して、ただコスト削減のために講師を減らし、ソフトウェア任せで指導するというような塾は要注意です。ひたすら苦手問題を解くだけで時間を浪費し、学習効果も上がらず、次第に勉強に意欲をもてなくなる。そういう悲劇にもなりかねません。

内閣府が掲げる「ムーンショット目標」

これから子どもたちが生きていく社会は、新しいテクノロジーによって構築された、私たち大人も経験したことのないものになります。

Mr.都市伝説の関　暁夫氏がテレビで紹介し、一躍有名になった「ムーンショット目標」というものがあります。これは内閣府が公表している今後の社会の示唆であり、そこで掲げられている目標は、「2050年までに、人が身体、脳、空間、時間の制約から解放された社会を実現」となっています。その目標の背景と目指す社会として、次のような記述があります。

【目標設定の背景】

・人生100年時代において、さまざまな背景や価値観をもったあらゆる年齢の人々が多様なライフスタイルを追求できる持続可能な社会（Society 5.0）の実現が求められている。

・さまざまな背景や価値観をもつ人々によるライフスタイルに応じた社会参画を実現するために、身体的能力、時間や距離といった制約を、身体的能力、認知能力および知覚能力を技術的に強化することによって解決する。

【ムーンショットが目指す社会】

・人の能力拡張により、若者から高齢者までを含むさまざまな年齢や背景、価値観をもつ人々が多様なライフスタイルを追求できる社会を実現する。

・サイバネティック・アバターの活用によってネットワークを介した国際的なコラボレーションを可能にするためのプラットフォームを開発し、さまざまな企業、組織および個人が参加した新しいビジネスを実現する。

・空間と時間の制約を超えて、企業と労働者をつなぐ新しい産業を創出する。

人間の能力拡張や、アバターの活動が実生活とリンクするという未来は、まるでSF映画のような話です。ですが、２０５０年といえば現在10歳の子が30代の終わりに差しかかる頃です。さほど遠い未来ではありません。

今の私たちには想像もつかない、国も言語の壁もないような本当のグローバル社会で、子どもたちは生き抜いていくことになるのです。

日本語を軸に、世界に表現・発信できる人材を育てる

そうした未来の社会で必要となる「生きる力」とは、どのようなものでしょうか。

それは、幅広い教養と深く思考する力、正解のない問題に粘り強く取り組む力、そして自分の考えを世界に向けて表現・発信していける力です。こうした力のすべての基本となるのが、日本語での思考能力です。だからこそ私たちは「国語」の指導に力を入れているのです。

グローバル社会で活躍するには、英語を自在に使えたほうが確かに有利でしょう。しかし、ただ英語ができるだけでは、いずれ便利な翻訳・通訳機械に代替されてしまいます。確固とした存在感をもって世界を相手に活動するためには、日本人としてのアイデンティティを基礎に、どの国の人とも対等に議論ができなければいけません。

当塾のある地域も、中国やアジア各国の国籍・ルーツをもつ子どもが増えていますが、日本の文化や歴史、わが国の伝統的な精神性などについてきちんと語れる日本人は、大人を含めてそう多くはありません。そこは母国の歴史や文化についてしっかり学んでいる諸外国の子どもたちとの差を感じます。

こういう話をするとナショナリズムに傾倒していると誤解されるかもしれませんが、私の主張はいわゆる国粋主義や、特定の主義・信条とはまったく関係がありません。どの国の人も家族を愛するのと同じくらい自然に、母国を愛しています。日本の場合、第二次世界大戦の影響が色濃く、母国愛について正面から語るのがタブー視されるような傾向があります。そうではなく、もっと自然に自分自身や自分の暮らす国や地域について知り、世界に発信できるようになるといいと思うのです。

そもそも、これだけ小さな島国が世界3位の経済大国でいられる理由に、しっかり目を向けたほうがいいと思います。英語やその他の外国語が話せなくても一生涯を幸せに全うできる、こんな国はほかにはそうそうありません。地理的に、大陸のように地続きではなく島国であること、また他国の資源や人材を上手に取り入れながら、独自の文化を形成してきたことが主な理由でしょう。

私は、生徒たちにも日本人として生まれ、日本に育ったことに誇りをもち、どの国でも活躍できる人になってほしいと願っています。

学問と武士道を教える「寺子屋」を作りたい

私自身、日本や日本人についてより深く知るために、勉強を続けています。私が愛読しているのが新渡戸稲造の『武士道―日本人の魂』です。これは1899年にアメリカで出版された本で、原著は英語で書かれています。タイトルは「BUSHIDO: The Soul of Japan」です。

新渡戸稲造は旧5000円札の肖像画の人物として記憶している人も多いと思いますが、外国語に堪能で留学経験もあり、のちに国際連盟の事務局次長にも選ばれています。

新渡戸は、あるときベルギーの法学者から「宗教教育のない日本で、どうやって道徳教育を授けられるのか」と問われ、それに答えることが執筆の契機になったといいます。著書のなかで、日本の道徳意識の基盤にあるのは仏教や儒教、神道に基づく武士道だとして、日本人の道徳観や精神性について解説をしています。

この本は翌年に日本でも翻訳され、世界的なベストセラーになりました。最も有名な読者の1人に第26代アメリカ合衆国大統領セオドア・ルーズベルトがいます。現在も、日本人の道徳観や日本文化を知る名著として、多くの人に読み継がれています。

「武士道」の本質となるのが「義」の概念です。新渡戸は義について、別の武士の言葉を借りて、次のように説明しています（『現代語訳　武士道』新渡戸稲造　山本博文＝訳・解説　ちくま新書）。

「義は、たとえて言うと、人の身体に骨があるようなものである。骨がなければ首も正しく据わることができない。手も動かないし、足も立つことができない。だから人は才能があっても、学問があっても、義がなければ世の中に立つことができない」

いわば義とは、自分を支える信念、自分の軸、そういうものを指しているといえます。体を支える骨格のような精神的支柱をもつ人は、混乱の世の中にあっても、自分を信じて歩みを進めていけます。

私は将来、現在の学習塾を発展させた「寺子屋」を開きたいと思っています。そこで学習とともに、こうした武士道の教えも指導していけたらと想像しています。

武士道を説いてサムライになれとか、教えのとおりに振る舞えというのではありません。そこにある日本の文化や日本人の道徳観を知り、それを一つの支えとして自分の人生をたくましく、豊かに生きてほしいのです。

未来の「教育」の質を向上させるためにも、挑戦していきたい

もう一つ、私がいずれ挑戦したいと思っていることがあります。それは塾を中心とした民間教育の評価基準を明確にすることです。

私は車が好きなのですが、自動車産業や製造業ではリバースエンジニアリングといって、他社の製品をすべてバラバラに分解して研究する取り組みがあります。業界内でリバースエンジニアリングをすることで、お互いの技術の良い点を取り入れ合うなどして、業界全体のレベルが向上します。

しかし、塾は残念ながらそれができません。他塾に潜入するなどして、手のうちを全部チェックするというのは現実には困難です。

塾業界には「適正価格」もいまだありません。車であれば、パワーや燃費、乗り心地といった、他社と同基準で比較できる要素があり、それに基づいて価格にも差がつきます。誰が見ても分かる一定の基準があるわけです。

しかし、民間教育はそうした基準がないため、大学生の講師と雑談をしているだけなのに週1回90分、月2万円の個別指導といった、内容にまったく見合わない価格設定が横行してしまっています。

しかしだからこそ今後は、優れた民間教育とは何かを言語化・数値化して、客観的に判断できるようにすることが必要です。そうした基準ができれば、高い費用を払っていながら質の低い教育しか受けられないような、悪質な民間教育は淘汰されていきます。

少なくとも、ここをクリアしていなければ教育機関とはいえないといった、ボトムラインは示せるのではないかと考えています。

本来、民間教育は公教育とは異なりますが、提供するものが子どもの教育であることを考えると、利益追求ではない非営利団体などが担っていくべきなのかもしれません。コロナ禍で塾講師もエッセンシャルワーカーに認定されましたが、社会を支える存在として、公的な性質を担っていくのも一案でしょう。民間教育そのものも、時代とともに進化していかなければならないのです。

そして私自身も、教え子たちを全力で応援するべく教育の質をさらに向上させ、ますます進化していきたいと考えています。

おわりに

本書を最後までお読みいただき、ありがとうございました。

本を執筆するというのは、今回が初めての経験です。私の日頃の思いが高じてしまい、つい言葉が過ぎたところも多いかもしれません。同じ塾業界の方々、そして学校教育に携わる方々にとっては、不愉快なところもあったことと思います。勤務先や公教育・民間教育の別なく、「子どものため」を第一に日々奮闘されている方々には、心より敬意を抱いていますので、その点はご理解いただければと存じます。

また、塾にわが子を通わせている保護者の皆さん、生徒の皆さんにとっても、一塾講師に言われたくないと、不満に思われる部分もあったかもしれません。

私たちがどれだけ熱心に指導をしても、親がわが子を思う気持ちの深さ、子どもとのつながりの太さは、到底かなうものではありません。面談などで保護者と話をするたび、それを実感し敗北感のようなものを抱きます。私はわが子を思うすべての親を心から尊敬しています。お叱りを受けることも覚悟のうえで、日頃私が感じていること、子どもたちのためにも保護者のためにも、ぜひ知っておいていただきたいことをつづったつもりです。

今回、私は、これからの時代に求められる教育とは何か、民間教育のあり方等についても、持論を述べさせていただきました。知識や議論の未熟なところも多いかもしれませんが、今の私の率直な気持ち、夢や希望、理想も含めて思いのたけをぶつけました。

大きな夢を語ることで、青臭いとか理想主義、非現実的という誹《そし》りを受けるかもしれません。ヒーロー気取りといった手厳しい意見が寄せられるかもしれません。

しかし私は、私たち大人がもっと気軽に夢を語れる世の中を目指すことが、子どもたちの未来の可能性を広げることにつながるのではないかと考えています。

最後の章で取り上げた内閣府の「ムーンショット目標」のように、これまでとはまったく異なる〝夢のような〟未来は、すぐ近くまで来ています。夢物語といわず、「こうなったらいいな」「こんな生活をしたい」「こんな世の中にしたい」という思いがあるなら、勇気をもって踏み出せばいいのです。

私の将来の夢の一つである民間教育の評価基準の確立や、教育の質の向上も、簡単ではないかもしれません。しかし、行動を起こさなければ何も変わりません。

『武士道』で、義と並ぶ重要な価値観に、勇気があります。新渡戸稲造は、『論語』の孔子の言葉「義を見てせざるは勇無きなり」を引いて、正しいことを認識して、もしそれを行わないのであれば勇気がないということである。つまり、勇気とは正しいことをすることである、と解説しています。

私はこれからも自分が正しいと信じること、自分にできることに、全力で取り組んでいきたいと考えています。

最後になりますが、これまでさまざまな面で私を指導してくださった業界内外の諸先輩方、学校関係の方々に心より感謝申し上げます。また私に劣らず、いつも全力で生徒たちに向き合ってくれる当塾の講師たちにも御礼を伝えたいと思います。

そして私たちに教育者として研鑽の機会を与えてくださるすべての生徒たちと保護者の方々に、心よりの敬意と謝意を表します。

大坪智幸（おおつぼ　ともゆき）

１９８４年、埼玉県春日部市生まれ。埼玉県内某進学校へ入学。一浪の末某私立大学へ入学。塾講師のアルバイト、車、バンドに明け暮れる。塾講師のやりがいと楽しさを感じ、今の仕事の原点になる。卒業後、日本郵政、ディーラーでの営業職などを経験したのち、社会の矛盾を感じ27歳で教育業界に転身。通信制高校と塾講師を掛け持ち、激務から肺炎を患い生死をさまよう。２０１４年、県内大手学習塾に入社。２０１６年、フランチャイズとして独立、株式会社花咲スクールを設立。２０１９年７月、完全独立、花咲スクール本部校、開校。２０２１年６月、精神鍛錬のため居合道入門、10月、民間教育の在り方の体系化とＭＢＡ取得を目標に大学院プレ受講開始。２０２２年春、本科入学。

本書についての
ご意見・ご感想はコチラ

デタラメ受験戦争　失われた「学びの本質」

二〇二二年二月二八日　第一刷発行

著　者　大坪智幸
発行人　久保田貴幸
発行元　株式会社　幻冬舎メディアコンサルティング
〒一五一-〇〇五一　東京都渋谷区千駄ヶ谷四-九-七
電話　〇三-五四一一-六四四〇（編集）
発売元　株式会社　幻冬舎
〒一五一-〇〇五一　東京都渋谷区千駄ヶ谷四-九-七
電話　〇三-五四一一-六二二二（営業）
印刷・製本　中央精版印刷株式会社
装　丁　塚田伊織

検印廃止

Printed in Japan　ISBN 978-4-344-93728-4 C0037
幻冬舎メディアコンサルティングHP　http://www.gentosha-mc.com/